全国小学生校园美文精品集萃丛

七色阳光
小少年

少年也识愁滋味

《语文报》编写组 编

时代文艺出版社

图书在版编目（CIP）数据

少年也识愁滋味 /《语文报》编写组编. —长春：时代文艺出版社，2018.8（2020.6重印）
（"七色阳光小少年"全国小学生校园美文精品集萃丛书）

ISBN 978-7-5387-5882-5

Ⅰ.①少… Ⅱ.①语… Ⅲ.①作文－小学－选集 Ⅳ.①H194.4

中国版本图书馆CIP数据核字（2018）第117916号

出 品 人 陈 琛
产品总监 郭力家
责任编辑 焦 瑛
装帧设计 孙 利
排版制作 隋淑凤

少年也识愁滋味

《语文报》编写组 编

出版发行 / 时代文艺出版社
地址 / 长春市福祉大路5788号　龙腾国际大厦A座15层　邮编 / 130118
总编办 / 0431-81629751　发行部 / 0431-81629755　北京开发部 / 010-63108163
官方微博 / weibo.com / tlapress　天猫旗舰店 / sdwycbsgf.tmall.com
印刷 / 北京一鑫印务有限责任公司
开本 / 700mm×980mm　1 / 16　字数 / 153千字　印张 / 11
版次 / 2018年8月第1版　印次 / 2020年6月第3次印刷　定价 / 27.80元

图书如有印装错误　请寄回印厂调换

编 委 会

主　　编：刘应伦
编　　委：刘应伦　赵　静　李音霞
　　　　　郭　斐　刘瑞霞　王素红
　　　　　金星闪　周　起　华晓隽
　　　　　何发祥　朱晓东　陈　颖
　　　　　段岩霞　刘学强

本册主编：李建华　孙艳梅

目 录

生活的滋味

阳光的味道

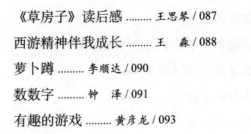

年轮的色彩

那句话　那个人

温暖的思念

　　妈妈笑着说："你的手还冷吗？"此时我才觉得我的手热乎乎的。妈妈接着说："我吃的吗——是回味。"听了妈妈的话，我才明白，原来妈妈吃的是思念，而老爷爷卖的是温暖。小小的粽子包含着温暖的思念啊。

温暖的思念

李欣璐

　　"粽子，热粽子！刚出锅的热粽子！"循着苍劲的叫卖声，熙熙攘攘的集市上一位卖粽子的老人引起我的注意，那是一张饱经风霜的脸庞。岁月的笔触在老人的前额写满了纹路，那沟沟坎坎里装满了人生的智慧，一双浑浊的眼睛失去了生气，却充满和善，嘴角的微笑刻成岁月的永恒。此时老人正举着一个冒热气的竹筒粽，高声吆喝着。

　　冬季里每一个赶集的日子，老人都是集市上的一道风景。远远地就能听到那熟悉的叫卖声，一辆破旧的三轮车，一副棕红色的脸庞，一双松树皮似的大手。老人的一举一动都让我倍感亲切。

　　我向妈妈要了一元钱去买那诱人的美味。"要一个竹筒粽。"我把钱高高地举到老人面前，老爷爷和善地打量着我，"好的，请稍等。"随着熟练的动作，一个竹筒粽从用棉被捂着的箱子里拿出，剥掉了包裹的竹筒，露出冒着热气的粽子。一股香香的糯米的味道钻进我的鼻孔，把我的馋虫都勾出来了。我迫不及待地咬了一大口，糯米的黏，红枣的甜，充满了我的口腔，那真叫一个享受！

　　吃着甜甜的粽子，我问妈妈："为什么这么多人喜欢吃粽子？"妈妈想了想，笑着说："粽子不仅味美，还寄托了人们的思念。"我只知道粽子好吃，哪里知道寄托什么思念，连忙问个明白。妈妈刮着我的鼻尖说："你难道忘了吃粽子的来历？"我努力调动起所有的脑细胞，从大脑的犄角旮旯里搜集着信息，终于想起吃粽子是为了纪念爱国诗人屈原，没想到我能吃到粽子竟是沾了他老人家的光。

　　我把这香甜的粽子给妈妈分享，妈妈咬了一小口，我不失时机地问："怎么样？"妈妈说："很好吃，很有味儿。"妈妈意味深长地说。我望着老人远去的背影问妈妈："老爷爷为什么冬天里还卖粽子？"妈妈说："因为老人卖的是温暖。"望着若有所思的妈妈，我一脸困惑，索性打破砂锅问到底："为什么是温暖？你吃粽子不是因为它好吃吗？"妈妈笑着说："你的手还冷吗？"此时我才觉得我的手热乎乎的。妈妈接着说："我吃的吗——是回味。"听了妈妈的话，我才明白，原来妈妈吃的是思念，而老爷爷卖的是温暖。小小的粽子包含着温暖的思念啊。

思念爷爷

王映雪

　　思念是什么呢？思念是牵挂时的一个电话，思念是一种说不出来的味道，思念贴在心头，让人感到无比温暖。

　　时间过得可真快啊，爷爷已经去世五年了。

　　一直很想念爷爷，心里总有一种说不出来的滋味。不知道为什么，觉得有许多话要说，没人的时候，眼泪总是禁不住地流下来。

　　爷爷去世的那天晚上，我还梦到爷爷的病好了，能下床走动了，他匆匆地来看我，和我说了许多话。不知道为什么，忽然他又匆匆地走了，我伸着手，喊着爷爷，不想让他走。

陪爷爷度过的那些日子，永远留在了我的心中。记得小时候，我身体不好，三天两头地生病，没办法，就住进了县医院，可还是不管用。爷爷担心耽误病情，决定一星期后带我去县城大医院里看病——挂号、找医生，四处奔波，直到把病全都治好了，爷爷才松了一口气，可是爷爷却瘦了一大圈。

上学以后，爷爷对我的学习很关心。虽然离家很远，但一有时间他就送我上学，路上听我说在学校里的事情，放学时常常看到爷爷笑眯眯地在那里等我，我喜欢牵着爷爷的大手，很温暖。

爷爷有时间还常带我出去玩，只要我喊累，他就抱着我，背着我；他常买我喜欢的东西，陪我一起做游戏……那些美好的时光牢牢地刻在了我的心里，抹也抹不去。

……

004

爷爷病得很突然，让我觉得这不是真的，我一直不愿意接受这个事实，那么爱我的爷爷怎么就会病了呢？

爷爷走得也很突然，那天，是冬天里少有的晴暖天气，爷爷走得很安详，很安静。我只能含泪祝愿爷爷在天堂的日子里过得安好。

没有月亮的中秋节

赵成宇

"举头望明月，低头思故乡。"这是李白思念家乡的诗，读到它的时候，我想到的是我的爸爸。

中秋节到了，我没有看到月亮，因为今年的中秋节这一天，天阴得很沉，乌云遮住了月亮。看不到月亮，我更加思念在外打工的爸爸，只能打电话和爸爸说说话。电话打通了，爸爸说："喂——"我说："是爸爸吗？我想你了，所以给你打电话""——"爸爸怎么不说话呢？"喂，爸爸！爸爸！""我也想你了，还有妈妈。"爸爸沉默了一会儿才说。我哭了，"爸爸，我们这里看不到月亮，你那里呢？""这里也看不到月亮，不过，爸爸的心一直和你还有妈妈在一起的，照顾好自己，也帮爸爸照顾妈妈，你是家里的男子汉，知道吗？""爸爸，我知道……"我还要再说什么，电话突然断了，妈妈叫我吃饭了，我只好挂断了电话。我真想爸爸快点儿回来呀，因为我已经两个月没见到爸爸了。

我在屋里边吃月饼边想，爸爸现在干什么呢？是不是也在吃月饼呢？我想起了以前，一家人一起吃团圆饭的情景，我又开始想念爸爸了。

月亮一直到我去睡觉的时候也没有出来，我想，月亮可能也和太阳一起去吃团圆饭了，可是爸爸却为了工作不能回家，因为爸爸说：不干活就挣不到钱，就不能照顾我们一家人的生活。我想如果爸爸在家也能挣到钱就好了，那么，全家人就可以天天在一起，我也不用思念爸爸了，那样，我们一家的生活该是多么幸福啊！

没有月亮的中秋节，我思念远方的爸爸。

遥远的牵挂

医我单相思

有一种离别，刻骨铭心；有一种思念，魂牵梦萦。

——题记

不知从什么时候开始，我喜欢上了蓝天。仰望蓝天，我常常在想，那个人们心中美丽的天堂，应该就在白云的上方吧！虽然看起来遥不可及，我却总觉得它在我眼前，因为我们之间有一座永远不塌的桥，那就是我对外婆的思念。

小时候，受妈妈的影响，我并不相信这个世界上会有灵魂，可是在长大一些的时候，却被外婆的信仰所感染，另一个虚拟的世界出现在我心中。所以，灵魂的有无，对于那时的我，异常模糊。

真正希望有灵魂的存在，是外婆离开我之后。

盛开的菊花和我一起陪伴外婆略带笑意的遗容，往事一一重现。于是，滚烫的泪珠开始一颗一颗落在外婆的遗像上。黑暗中的空气凝

重得可怕，一如外婆身体中已静止的血液，低沉的啜泣回荡在对昔日温馨岁月的回忆里，显得格格不入。

我深思倦怠，却毫无睡意。夜，仿佛被无形的手拨弄了一下，一朵尚未完全开放的菊花颤抖着。扑簌地抖落细长的花瓣，只一瞬间，又归于静止。粉嫩的花瓣散卧在镜框边，柔弱中却带着一丝不知缘于何处的坚强。我心中拂过一阵暖意。外婆，是您吗？您是否也看到了这似您的菊花？啊，原来性格也可以栽种！我轻轻地抚摸着菊花，希望它能再给我一些明示。四周寂寥，黄菊黯然，只剩我一个人黯然神伤。

我来到外婆的灵柩旁，棺木还未合上。我呆呆地凝视着那个熟悉的脸庞，眼睛一眨也不眨。我害怕会忘记她，这个我最爱的亲人。我想把外婆的面容深深刻在心中，永不忘记！这张苍白的面孔，是外婆吗？我抚摸着她的眼睛，这里又添了好多的纹路，那些记录岁月的纹路伸展开来，像一棵年迈的树，枝枝杈杈，这每一根树杈都足以在这个静夜挑疼我心中最柔软的角落。

如今，剩下的只有那绵长的牵挂、无尽的思念。内心的牵挂绘成张张残缺的画面，拼凑着记忆的碎片，如电影版不断上映。可是，我所拥有的，所能拥有的，恐怕也只有这些回忆了。

我的心变成了一间密室，干涩得快要窒息，对外婆的沉重思念，压得我喘不过气来。

我知道，阳光雨露也曾徘徊在我的心房外，只是这里面已经贮满了我对外婆的思念，再也装不下别的了。

"怪"奶奶

肖金娜

奶奶六十多岁了，文化程度又不高，但爱看电视，她特爱看"新闻节目"，你说怪不怪。

奶奶爱看新闻，尤其爱看中央电视台的新闻联播，每天都看，从不间断，有时甚至不惜放下手中没干完的家务活也不耽误一分一秒，那是神九发射那天，中央电视台直播发射实况，奶奶竟然孩子似的从我的手中把遥控器抢了过去，毫不客气地调到了中央电视台，坐在最有利的位置上，目不转睛地看了起来。我无奈地摇摇头，一个多钟头的直播时间，奶奶竟然一动不动，让她喝水她也挥手示意不喝。当指挥总长宣布发射成功时，奶奶情不自禁地跳了起来，鼓起了掌。我们全家看到她这样都笑她，她看了大家也不好意思地笑了，搓搓手又去忙自己的家务事了。

当在新闻中看到日本非法抢占我国的钓鱼岛，奶奶便满腔怒火，愤愤地说："这小日本真是狗改不了吃屎。该打，该打。"说着还做着打的手势。我看着既觉着好笑，又从心中对奶奶产生了一种莫名的敬意。

奶奶这样地爱看新闻节目，我们都说奶奶是"万事通"，什么习近平、奥巴马、金正恩……什么中国梦、台风登陆……什么粮食直

补、合作医疗、空巢老人、留守儿童……国际国内的大人物、大事件，奶奶都知道，真让我佩服死了。

写到这里你说奶奶怪不怪，但"怪"得可爱，"怪"得让我感到自豪。

我 的 朋 友

张舒莉

俗话说得好，在家靠父母，在外靠朋友。人总是少不了好朋友的帮助。我有一个好朋友，她有着乌黑的长发，一双炯炯有神的眼睛嵌在脸上，高挺的鼻梁耸立在脸蛋上，有一张能说会道的嘴巴。怎么样，长得还不错吧。

她不只长得漂亮，学习还很好呢。

她是我们班的语文课代表，每天都要检查作业。杨晓波是我们班的懒虫，经常不完成作业，所以检查他作业的时候就比较麻烦了。你看，她又在给杨晓波检查作业呢！

"杨晓波，你等等，别走，还没检查作业呢！"

"我还得上厕所呢，作业在我书包里，你自己拿吧！"

杨晓波没想到她还真去拿了，可惜作业本还是被她拿出来了！

"作业呢？"

"我写到另一个作业本上了！"

"你这个借口用了多少次了，还不烦？还不快写？"

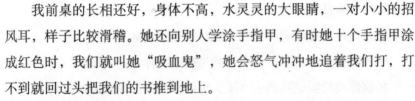

杨晓波见此情景，只得乖乖坐下来写作业了。

我这个朋友还爱帮助同学呢！

有一次我上课时作业本用完了，看看黑板上密密麻麻的题目，我头皮有些发麻。看到同学们都在那里写作业，我也不好意思借作业本了，这时她把一个崭新的作业本放在我的手里。我那时无限感激，而她却一笑了之。

她就是我的挚友——夏雨瑶。

冤家前桌

冯新科

010

这个学期，有一件非常倒霉的事情，我的死对头——尚明玉被调来成为我的前桌，我非常讨厌她，讨厌到什么程度呢？用个恶毒的假设：如果我有一杆枪和一百发子弹，我会让尚明玉身上有九十九个窟窿。哈哈，这当然是一种夸张的说法。

我前桌的长相还好，身体不高，水灵灵的大眼睛，一对小小的招风耳，样子比较滑稽。她还向别人学涂手指甲，有时她十个手指甲涂成红色时，我们就叫她"吸血鬼"，她会怒气冲冲地追着我们打，打不到就回过头把我们的书推到地上。

我的同桌也是女的。有时她俩一起玩。一次，我上厕所回来时，看了看课程表，下节上语文课，我回自己的座位上去找语文书，就是找不到。我又到同桌位上找一下，可是她不让我找，我就上尚明玉那

找，硬找着了，她却要"殴打"我，打完以后她才给我书。

我的这个前桌虽然调皮，但不是那么小心眼，其实她也是很乐于助人的，就是不助我。有一次数学老师要让同学们验试卷，有一个同学没有红笔，尚明玉毫不犹豫地拿出一支红笔借给了他。

我这个前桌调皮起来，让你又气又火，可帮助同学时又是那么毫不犹豫，你们说我的这个前桌是好还是坏呢？

小小书法家

王 楠

特长，特长，一技之长！有的人喜欢跳舞，有的人爱好打球，有的人擅长绘画……这些特长虽然我也挺羡慕的，但我觉得最了不起的要数书法。因为书法可是中国汉字特有的一种传统艺术，从古至今，优秀的书法家比比皆是，而我的身边也有一位小小书法家！他就是我们班的班长——李晟丙。

要说我们班的这位"天才"学霸的毛笔字，必须排第一。而且，有第一没第二，第三还差着十万八千里呢！

他就是这样一个刻苦练字的人。一次体育课上，同学们仿佛一群快活的小鸟，争先恐后地冲出教室，直奔操场。而李晟丙，他却在自己的座位上慢悠悠地拿出他的字帖，铺好宣纸，一边蘸墨一边仔细观察字帖上的字形，观察好一阵才慢慢地落笔，一笔一画都不简单。虽然我不懂书法，但却能从他那专注的神情中感觉出他对书法的热爱与追求。

"班长，你为什么不去上体育课呀？"我的思绪被张彤的声音打断。

"今天体育课是自由活动，我就不出去了。在班里静静地写一会儿毛笔字，你下去和她们玩吧！"李晟丙边写边说。

"不差今天一天了，难得今天自由活动，咱们去抽冰尜吧！"张彤恳求着说。

"是呀，班长。别写了，你已经写得够好的了，一会儿社团课再练呗！"我连忙补充道。

"不了，今天的任务还没完成呢！"李晟丙头也不抬地说道。

"哎呀，天天写，天天写，你不嫌烦呀？"我认为他已经不需要再练字了。

"当然要天天写了，如果做事不持之以恒，那做什么事都不会成功的。"这句话打动了我，我也不忍心打扰他了。

是呀！做什么事都是这样，如果三天打鱼，两天晒网，那什么事都不会有结果的。想想我自己不就是这样吗？心血来潮学画画，没坚持下来，又学电子琴，毫无结果；后来还学过主持人，因为周末时间排不开，放弃了……

再看李晟丙那专注练字的样子，我明白了——这就是差距。他能够对自己喜欢的事情坚持不懈，放弃了娱乐的时间，牺牲了休息时间，几年如一日地练习。我们聊天的时候，他在写字；我们上体育课的时候，他还在写字……这才取得了一个个闪光的奖牌，一份份无上的荣誉！

这就是我们班的小小书法家——李晟丙。他是我的榜样，也是我努力的方向。我要像他那样向着目标努力奋斗，不懈追求。

为我加油吧！

梦想中的神秘大奖

张晓雪

年终考试我考得不错，爸爸说要给我一个神秘大奖。

神秘大奖到底是什么呢？我带有一丝疑问。

我猜想，应该是一支笔，记录下我们生活中的点点滴滴；可能是一幅画，画中展现出我们五彩缤纷的童年；还可能是一个箱子，封锁住我童年的美好回忆。

而我想要的则是一本书，书中有丰富的知识，可以带人走向成功。苏联著名作家高尔基曾经说过："书籍是人类进步的阶梯。"而莎士比亚也曾经说过："书籍是全世界的营养品。"书是知识的海洋，可以让我们在这里尽情地遨游。读书就像登山，一步一步走上陡峭的山路，只有走到山顶，才能饱览最美的风景。和登山一样，读书，只有你真正明白这本书的真正含义时，才会获得最多的知识。

读书可以增强我们的课外知识，还能提高写作水平。他就像一位魔术师，时而让你欢笑，时而让你哭泣，时而让你陷入沉思，时而又让你豁然开朗。

书是开启智慧之门的钥匙，它会让你忘记身边的一切，全身心地投入到里面去。

书就是这么神奇，会带给你无穷的乐趣和丰富的知识。

013

温暖的思念

我更想把这本书捐给那些山区里不能读书的孩子，让他们找到读书的乐趣，并获得丰富的知识。

这就是我梦想中的神秘大奖：书。

你梦想中的神秘大奖是什么呢？我期待你的回答。

悠悠文化　脉脉书香

杨　哲

我坐在书桌前，手捧《中华上下五千年》，寂静的黄昏，余晖笼罩了天空，仿佛要把一切融为金色纸上的文字，与那陈年的往事，连同悠然划过的辞藻，在空灵与眷恋中共舞。

一、帝王的沉默，惨死的功臣

公元前338年，秦国一刑场，天空布满阴云，没有一丝光线，他戴着枷锁，心灰意冷地跪在刑台前。"行刑！"一声令下，他的手脚、脖子被紧紧地套上绳子。他——商鞅，就要承受五马分尸之痛，不知他在受刑时，是否发出饱含愤恨的呐喊？一位一心为国为民的大臣，就这样惨死在乱马嘶鸣中。为自己的一生画上了残缺的句号，不知天下苍生，包括君王是喜？是忧？

二、折戟沉沙，命运的安排

一生风云，拼杀博弈，终于坐上了仰慕已久的龙椅，可终究没能躲过命运的安排。短短一年竟满身毒疮，双目失明，只享受了一年所谓的锦衣玉食，到头来，却不得善终，被自己的儿子残忍地杀害，这也许是报应。因为是他挑起了这无谓的动乱使唐朝由盛转衰失去了向前发展的好机会。为了自己的欲望，使多少锦绣河山变得生灵涂炭，多少人无家可归，然而，他——安禄山，又留下了什么⋯⋯

三、北风呼啸，懦弱的王朝

1895年，日本派出数艘舰艇把炮口对准龟缩在深港的北洋舰队，让这支曾经中外闻名的舰队只能任人宰割，最终毁于日本的坚船利炮，永远沉眠于海底，1895年4月17日，清政府被迫签订了丧权辱国的《马关条约》，大大地加深了中国半殖民地，半封建社会的程度。《马关条约》的签订充分体现了中国统治者——清政府的腐败无能，康熙大帝曾经说过统治者要像太阳一般，让天下苍生得到恩泽。清政府遵守老祖宗的遗训，可是"恩泽"太重，老百姓们承受不起呀！

可以说，历朝历代的兴衰都有其必然规律。读《中华上下五千年》，心中感慨万千，为赤胆忠心的忠臣屈死而悲愤，为内忧外患的中国而担忧，为清朝政府的无能而愤恨⋯⋯

回望近代历史，几经磨难的立国之路，展望今朝，走向富强的崛起之国。先辈们用血和泪浇铸了今天冉冉升起的红日，我们应当努力拼搏奋斗，富我家！强我国！让我们认真学习，诚实做人，共同开创更加辉煌而幸福的未来。

温暖的思念

读《一个乞丐的觉醒》有感

王宇涵

　　今天读了《一个乞丐的觉醒》这篇文章，我受益匪浅。文章讲述的是：一个卖花的小姑娘在卖得只剩一朵花时，她看到路边有一个乞丐，于是就把那朵玫瑰花送给了乞丐，乞丐把这朵花拿回家，插在花瓶里，此时他发现自己脏兮兮的都配不上这朵玫瑰花，于是，他把整个房间都打扫了一遍，还去洗了澡。他看到了自己帅气的一面，他看见了整个房间里因为有这朵玫瑰花的映衬而温馨的样子，他决定第二天不再当乞丐，而是去找工作，几年后，他成了一名成功的企业家。于是，他努力寻找当年送给她玫瑰花的小姑娘，终于找到了并将自己的一半财产送给了那个小姑娘。不为别的，只为感激在他沦落为乞丐时，小姑娘送他的一朵玫瑰花。

　　生活中，人世间，或许有时一句话，一个眼神，一朵不起眼的小花……却能在他人伤心时为他抚平伤痛，帮助别人走出困境激起其向上的心态，燃起他无限的信心，感受到生活的动力。小姑娘给他的不是一朵玫瑰花，而是一份希望，一份对人生的希望，一份对未来的希望，这不正是所谓赠人玫瑰，手留余香吗？

　　天无绝人之路，人生路上遇到困难是不可避免的，只要积极面对，或者换个角度思考，就会明白，路的旁边还是路。谁能想到，那

么一个落魄的乞丐能成为一个有成就的企业家？由此看出，没有什么不可能，只有做与不做的事，世界是公平的，若干年后，小姑娘也同样得到了乞丐的感恩。

我们要相信，我们是最棒的！最优秀的！无论如何都不要放弃自己！不要让自己沉沦在失败的边缘，不要看不起自己，坚信自己能行、可以。

《绿山墙的安妮》读后感

鲁露萌

在一条长着白桦树的小路上，隐隐约约地看见了两个身影，手拉手，说着笑着，消失在了金色的黄昏中。咦，那是谁？她那丰富的想象力，总是说个不停的小嘴，那红红的头发告诉我——那是安妮·雪莉和她的朋友戴安娜。

安妮·雪莉是个独特的女孩。她瘦瘦的脸上长着雀斑，但她有着无人能敌的想象力。她那长长的红头发，编成两股麻花辫，垂落在背后，更显得她是那么特别。

安妮那深不可测的脑海中，总是浮现出奇思妙想，然而也闯了不少祸，帮了不少倒忙。安妮的红头发是她的心头之痛，她梦想有一头乌黑发亮的秀发，但事实是不可改变的。一次她经受不住诱惑，买了一瓶劣质染发剂，把她的"红头发"染成了"绿头发"，使马瑞拉哭笑不得。安妮认为，美梦本该实现了，却"摇身一变"变成了噩梦。

安妮在学校是数一数二的好学生，她学习特别好。新来的教师阿伦太太去绿山墙做客。安妮亲手做了一个蛋糕，看起来美味极了，但她又犯了一个极大的错误——把青草汁看成了止疼药。哎，这是她自己犯的错误，这又能怪谁呢？她的错误还有很多，比如，把葡萄汁误当成木萄露，把她的好朋友戴安娜灌醉。虽然犯了错，但安妮又常将功补过。比如，她用她的生活常识与智慧，让戴安娜病重的妹妹化险为夷。

在日常生活中，我也有过犯错误的经历。由于班级的变动，老师办公室便调到了二楼。身为数学课代表的我，自然要负起课代表的责任。每节数学课之前先要去取作业。我本该去二楼办公室，却一如既往地来到了三楼，因为老师以前就在这个教室办公。我推开门，便想往里走，但脚还未跨过门槛，就引来一阵哄堂大笑。我的脸一下子红到了耳根，我才真正理解了"面红耳赤"的感觉。

还有一次，我们六年级的四个班一同参加跳绳比赛。老师吩咐我去把其他班级叫到操场集合。我跑上楼梯，一转弯，迎面看见的是第一间教室。我前去敲门，却没有反应，我又敲了敲门，终于传来了一阵阵脚步声，紧接着，一位老师为我开了门。老师亲切地问："有什么事吗？"话未开口，我已意识到不太对劲儿，抬头一看，耀眼的五个大字映入了我的眼帘"四年级二班"。我顿时愣住了，我的大脑飞速运转，却无言以对。最终"对不起，我走错教室了"几个字从我嘴里挤了出来。

安妮是一个活泼可爱，性格独特的女孩，每当想到安妮，便会想起那句话"人越是在悲伤的时候，就越应该振作起来"。她那顽强，执着，天真，倔强的性格，感染了我们很多人。

做一个乐观坚强的女孩

——读《鲁滨孙漂流记》有感

王梦菲

　　我不知阅读了多少遍英国著名作家丹尼尔·笛福的大作《鲁滨孙漂流记》，那引人入胜的故事情节让我一次又一次地体验了鲁滨孙丰富多彩的冒险生涯，每一次的阅读，都让我受益匪浅。

　　本书主人公鲁滨孙自幼喜爱冒险，在后来的一次航海中，船不幸触礁，船身破裂，造成全船人都葬身于海，只有鲁滨孙一人生还，鲁滨孙飘流到一座荒无人烟的小岛上，靠自己的机智和勇敢生活了二十八年，学会了做各种各样的农活，还救了一个野人"星期五"作为自己的仆人和朋友。这漫长的二十八年，鲁滨孙没有对生活失去希望，生活得井井有条，那种面对困难永不畏惧，乐观顽强的精神深深地令我折服！

　　本书最令我欣赏的一句话便是鲁滨孙得救后说的一句话"在那么多的日子里，尽管我遭遇了很多危险和困难，但我的收获也是无法计算的。"他得救后，并没有抱怨那二十八年中遇到的危险，抱怨老天对他的不公，而是觉得，那二十八年，让他学会了做面包，做陶瓷，捕猎等等，让他收获了许多许多，是"无法计算"的。我还觉得书中

019

温暖的思念

在鲁滨孙遇险后，有一段描写得很精彩。就是鲁滨孙把他流落荒岛后所遇到的福与祸全部列了出来，从篇幅上来看，福居多，而且还在后面写到"上帝神奇地把船送到这个海岸附近，又使我可以从船上取下许多东西，让我终生受用不尽。"从以上可以看出，鲁宾孙是一个勇敢无畏的人，更是一个从不抱怨命运，乐观顽强的人。正是他这种精神，深深地感染了我。

在我们的现实生活中就有许多像鲁滨孙一样面对困难而不畏惧的人，比如在汶川地震中，教师谭清秋在危险来临时，并没有逃走，而是护住了自己的学生，最后自己死了，学生活了，面对困难不畏惧的他，就是一名如鲁滨孙一样的英雄。

这本书在给我带来收获的同时，也使我深深地反思。如果命运也让我流落荒岛我会怎么样呢？我是个娇生惯养的女孩儿，我想我在荒岛上我几乎一样事情也不会做，包括烧饭洗衣等，我只会在那儿怨天尤人，或者是怀着侥幸心理等着人来救我。或许我在荒岛上的命运只有一种，要不是饿死，就是冷死。这些立马提醒我这个娇生惯养的女孩儿，要学会生存，学会独立，不要去抱怨生活，去抱怨老天，在平时的生活中也应该学习一些生存的技能。

快乐在哪里

姚家晨

"快乐在哪里，朋友啊告诉你，她不在柳荫下，也不在温室里……"优美的旋律在耳边回响，无边的思绪随着乐曲纷飞。

快乐在哪里，我苦苦寻求着她的踪迹，我找到了，她在小伙伴的眼睛里。

快乐就像一杯浓浓的咖啡，快乐就像酸甜可口的可乐，快乐就像一块软软的面包，快乐留在了每一个人的心里，人们露出的微笑就是快乐。

快乐在哪里，快乐在妈妈的菜肴里，我爱吃妈妈做的各种各样美味的菜肴，快乐在我的心里，想起小时候妈妈对我的关爱。

有一天早晨，我还没起床，妈妈进我屋叫我起来，叫了好几声，我都没反应，妈妈摸了摸头，"呀！不好，孩子发烧了，怎么办呀！怎么办？"话音刚落下，妈妈背起我就往医院跑，一路上，在我的脑海里出现了快乐温暖的印象。妈妈的身体给我带来了快乐和温暖，软软的，好舒服，我不想长大，我想一直躺在妈妈的怀里，享受这份幸福和快乐。

我的快乐来自于老师对我们的培育与爱护，每天老师都教我们学知识，还有说有笑地对待我们，老师你不累吗？你休息一下不行吗？老师不仅在学习上为我们着想，而且还在生活上教我们，我学到了很多知识，老师给我讲怎样保护地球，人们要多喝水等。在这里我想跟我的老师说："你辛苦了，老师。"

快乐总会一次次出现在每个人的眼睛里，一次次出现在每个人的心里，让人们感到温暖，每个人的笑容使我感到温暖和亲切，老师就像我们的父母一样，关心我们，父母也关心我们，我要送给你们一首歌：世上只有妈妈、爸爸、老师好。

快乐的大扫除

冯仁瑞

今天是开学后的第二周，我们班主任告诉我们要进行一次大扫除，我们都很开心。

老师开始分配任务了，我被分配去扫蜘蛛网。我以为会有很多人，没想到居然是我一人孤军奋战。我心想：那些该死的蜘蛛网你们碰到我真是要倒霉了。于是我拿起笤帚认真地扫啊扫，没有多一会儿教室里的蜘蛛网全部被我扫除干净了，我的心里美滋滋的。

接着我又加入到了"玻璃之王"的大赛中。我二话不说，手拿抹布，脚踩凳子就认真地擦了起来。我左擦擦，右擦擦，屁股一扭一扭的。却不知道凳子快要倒了，结果我擦得起劲儿的时候，连人带凳子就倒了。我呢，摔了个大屁墩儿。

我擦完玻璃又去帮其他同学拔草。我急急忙忙地跑到操场上，对准一棵草猛地一拔，草没拔下来，我却摔了个"狗啃泥"。我真是太不容易了。但是我想我一定要把那些杂草除掉，让我们的校园更加洁净、美丽。功夫不负有心人，经过我和同学们的努力，操场终于被我们清理干净了。

多么快乐的一次大扫除啊！我们以后一定要好好爱护我们的校园，让它更加美丽、更加洁净！

幸福的一天

段宇航

起床铃响了，我匆匆地穿好衣服，叠好被子，拉开了宿舍的门，一股冷气迎面扑来，我不由得打了个冷战，立刻把头缩了回来。情不自禁地说："还真冷哩。"刚说完，睡在我上铺的小强把一件棉坎肩扔了过来，并说道："穿上吧，我还有，不用担心。"我的内心不由得一热，穿上坎肩，拉开门，奔向了操场。

操场上同学们排着整齐的队伍，喊着响亮的口号在跑步，跑着跑着我的脚下一滑险些摔倒，同排的张明毫不犹豫地拉了我一把，总算稳住了脚步，我们相视笑笑，并排向前跑去。

做完早操我们去了伙房，按次序打了饭，我一手端着饭，一手拿着馒头，不知为什么那馒头调皮地滚在了地上。我弯下腰刚捡起来，猛然间一只有力的手把它抢了过去，一个雪白的馒头被塞入我的手中。我回头一看，原来是东冬。只见他冲我一笑，说："扒了皮，照样吃。"我不由地笑了，同学们也跟着笑了。

上午第二节是语文课，老师发下了第三单元的测试卷，没想到我考了个全班第二名，八十四分，老师当着全班同学的面表扬了我。说我进步快，并号召大家向我学习。老师的每一句话都是那样的悦耳，那么的甜美，一直甜到我的心里。

下午第三节课刚上完一半，班主任老师拎着几个大包来到了教室，同学们都很好奇，老师开口了，"下面我把校服发下去"。同学们听了都高兴起来。校服一到我手，我立刻穿上了身，并偷偷地摸出镜子照了照，"啊，真是帅呆了！"

放学了，我高兴地跨出校门，妈妈已等候我多时了。不一会儿到家了，奶奶高兴地上下左右把我看了一个遍，又好像忽然想起什么似的从包中找出了两个金黄色的大橘子。她亲自把橘子扒开，掰下一个瓣放进了我的嘴中，甜甜的果汁直流进我的心里。随后，妈妈又摆上了一桌可口的饭菜。我美美地吃着，心里比吃着蜜还甜。

想想自己的这一天，我是多么幸福啊，我不由得拿起了笔……

方 特 之 旅

辛宇悦

爱玩是小孩子的天性，当然我也不例外。今年暑假临近尾声之际，在我和弟弟的央求下，我们一家踏上了济南"方特东方神画"的旅游之路。

在路上我和弟弟向往着、兴奋着，经过两个小时的颠簸，我们终于来到了"方特"。一下车，我和弟弟就飞奔到了方特大门前，一座具有动漫色彩的神秘城堡矗立在眼前。接下来又是漫长的等待，我们一家人拍了几张照片，心不在焉地看过如树的喷泉，新奇的椰子树，弟弟敲起了大鼓，等待着、等待着……终于进园的时间到了，我

和弟弟排在最前边，经过检票阿姨的这道防线，我俩像出笼的小鸟一样，飞进了"神秘城堡"。

穿过古色古香的货品小街，服务人员为我和弟弟免费画了个小花脸：弟弟脸上画了一个他的最爱"孙悟空"，我画了一只美丽的小兔子。踏着蜿蜒的石板小路，无心欣赏那白玉拱桥和雾气迷漫的荷塘，终于到了我们的天地——游乐场。

第一个项目是"星际战车"。排队，上车。我和妈妈坐一辆，弟弟和爸爸坐一辆，小飞船载着我们一家人忽上忽下，忽快忽慢，虽然以前和弟弟经常坐，但此时此地和一家人在一起却别有一番暖意。下了战车，就出了分歧，弟弟太小只能去坐小朋友的玩具，而我和爸爸想挑战一下刺激的游乐设施——"UFO"，也就是飞天摩托车。

怀着忐忑的心情排着长队，一步一步地接近，一步比一步紧张。终于坐上了摩托车，负责安检的叔叔为我们讲解安全注意事项，最后使劲儿把座椅后的保险杠压在我的后背上。铃声响起，心马上提到了嗓子眼儿。旋转，摇晃，开始还好，有点儿刺激，可是速度越来越快，整个人就像被扔出去一样，好害怕。手抓得更紧了，脚也使劲儿地蹬着，我吓得快哭了，直叫："啊！啊！啊啊！……"爸爸在我身边说："没事，一会儿就结束了，一会儿就停了。"我瞅了爸爸一眼，其实他也害怕得不得了，眼睛根本就没睁开，只是嘴上宽慰我罢了。惊魂一刻终于过去了，我都差点儿吓哭了，爸爸下来后也说实话了：以后给钱也不玩这个了！太吓人了！

新的挑战又开始了，它就是有名的过山车——"丛林飞龙"。电视真人秀《奔跑吧，兄弟》也在这里做过一期节目。丛林飞龙架子全是由一根根的方木搭建成的，上坡高度比一般的楼房还要高。我坐上车子，工作人员给我们检查好安全设施，随后铃声一响，过山车就在我们的尖叫声中爬上八十度左右的大坡，我的心快速地跳着。到了顶峰，我看到了方特全景，有种"登顶远眺"的感觉。紧接着，刺激的

025

时刻来临了，车子在顶点停顿了两三秒钟，就以近似自由落体的速度冲了下来，然后是旋转着螺旋形前进，前后反转着前进，短短的几分钟就像过了一个世纪，真的是惊险刺激到了极点。许多人又一次大声呼叫。我从一开始的紧张、害怕，到后来慢慢适应了下来，反而感觉刺激、好玩，一圈玩好了，还想再来一次。爽！

我们玩了飞越河谷。穿上雨披，坐上小船，穿越看似神秘的河道，最后爬上三四十米的高台，随着水流冲入水池中。与前两个项目比真是小巫见大巫了。最后我陪弟弟玩了小火车、双层旋转木马等，可把弟弟乐坏了。

天色已晚，我们来到"决战金山寺"，听说这是方特的三大特色（孟姜女哭长城、极地快车和3D电影《决战金山寺》）节目之一。于是我们就决定看一看，兴致勃勃地排队入场。里面演绎的是《白蛇传》的故事。室内一条环形水道，水道上停放着一艘木船，游客们站在船上观看节目。水道两旁有着诸多仿古屋，剧场工作人员就是在里面表演。随着木船的缓缓前进，演员们一如回到烟雨如梦的西子湖畔，娓娓演绎着白娘子与许仙以及法海之间的恩怨情仇。

船停了，我们登台上岸，来到一个有雨棚的场地，这里就是最主要的看点："水漫金山寺"。只见白娘子化身成蛇，怒喊"排山倒海"，整个金山寺顿时喷出巨浪，射向看台上的我们。幸亏看台上有保护我们的罩子，避免了被淋湿。看完后，我心中赞叹不已，场景太逼真了，让我们有身临其境之感。

眨眼间已经到闭园的时间了。我们随着熙熙攘攘的人流走出了方特之门。这次方特之旅让我体会到了高科技带来的视觉震撼，让我锻炼了胆气，真的非常开心！

美就在我身边

张依诺

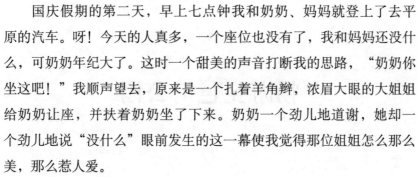

国庆假期的第二天，早上七点钟我和奶奶、妈妈就登上了去平原的汽车。呀！今天的人真多，一个座位也没有了，我和妈妈还没什么，可奶奶年纪大了。这时一个甜美的声音打断我的思路，"奶奶你坐这吧！"我顺声望去，原来是一个扎着羊角辫，浓眉大眼的大姐姐给奶奶让座，并扶着奶奶坐了下来。奶奶一个劲儿地道谢，她却一个劲儿地说"没什么"眼前发生的这一幕使我觉得那位姐姐怎么那么美，那么惹人爱。

不到四十多分钟我们就在"琵琶湾"南门处下了车，径直进了"公园"。好美呀！各种花草树木应有尽有，大理石的人行道曲折交叉，不时传来游人的欢声笑语，不知不觉中我们已经来到了园中那横跨琵琶湾的白色的石拱桥上，往下一看水既清澈又碧绿，水草茂盛，水中的鱼儿不时地追逐嬉戏，水面上一只只小游艇载着帅哥靓女、可爱的小不点、鹤发童颜的老人。有的在嬉水有的在谈笑，快乐极了。眼前的这幅美景使我陶醉了，心中的喜悦难以抑制，无意中哼起了"美啦美啦"的小曲。

这时奶奶"诺诺""诺诺"的喊声使我从沉醉中醒来。问道："什么事呀，奶奶？"奶奶说："你是不是要喝点什么？"这时我才

027

温暖的思念

感到口渴，忙说："我要吃雪糕。"要吃就自己去买吧，奶奶说。我就跑出去五十米买了一支。我随手拿下上面的塑料袋扔掉了。刚走出几步，忽然听到身后传来"宝宝，我们捡起来扔到垃圾桶里去。"我回头一看，原来是一位年轻的父亲牵着刚会走路的小男孩儿，正在捡我刚扔下的塑料袋，不禁觉得心一颤，脸发烧，心中充满惭愧。我连忙跑过去和那位年轻的父亲一起扶着小弟弟的手，蹒跚着走到垃圾箱前把那个塑料袋扔了进去，此时我觉得这对父子是那样的可爱。

　　转眼间半天过去了，我们踏上了回家的路，这是一次难忘的旅行，也是一次美的体验，它将永远留在我美好的记忆中，也使我明白了：其实美就在我们的身边。

畅游琵琶湾公园

王明慧

　　在一个阳光明媚的清晨，我和我的爸爸妈妈一起坐车来到了平原的琵琶湾公园。

　　到了公园里，空气格外清新，鸟儿在头顶唱着悦耳动听的歌，许多人都在这里欣赏风景。公园里，郁郁葱葱的大树像撑起的一把绿伞，地上的草坪就像是一张张柔软的地毯，各种各样的鲜花都发出沁人心脾的芬芳，从远处看就像一张张大地毯上绣上了许多漂亮的小花。

　　我们先游览了公园的风景。有一个人正拿着照相机在照相呢，在

琵琶湾的沙滩，我们尽情地玩耍。过了一会儿，我们坐上了游湖的小船。湖里的水非常绿，仿佛是一面绿色的屏障，湖里的水非常清，清得能看见湖底的沙石。阳光照射下来，水面上波光闪闪，美丽极了。

坐完船之后，我们又来到了热闹的地方，在一条小路旁边停下来照了张相。那个地方特别美丽，有几棵树，阳光通过树叶的缝隙照在了地上，斑斑点点的让人有点儿睁不开眼。地上长满了翠绿的青草，在小草中间开满了各种各样五颜六色的小花。

在另一边有一条通往山上的台阶，那些台阶都是用大理石铺成的，台阶非常宽，台阶两旁都有小树，小树的枝叶遮住了阳光。正好我们走到了那条大理石台阶前，我们也热了，就在树下休息了一会儿。凉风习习，吹在脸上，很是惬意。

继续向前走，我们看到了许多大石头，那些石头有的像德高望重的老人，站在那里欣赏着风景，有的像亭亭玉立的少女，在空中翩翩起舞。

在我们的前面有一座石桥，那座桥的造型十分精致，在桥上有一个个圆柱，柱子上刻着精美的图案。穿越石桥我们看到了一座小山，我们爬到上面，山上长着郁郁葱葱的树木，有许多人一边欣赏风景一边照相，我们也照了几张相。游完了山后我们又回到了湖边，许多人在湖里乘着小船，人们在湖上欢快地开着船，嬉戏着，说笑着。

不知不觉太阳就要落山了，我们带着愉快的心情恋恋不舍地回家了。我相信我们家乡的琵琶湾公园会建设得越来越美丽，人们的生活也会越来越美好。

宜居宜游　富美渭南

闵弈哲

　　渭水浩荡，铸造大临渭的胸襟；华山巍峨，彰显新时代的华章！这里被誉为"三省要道，八省通衢""陕西的东大门"，这就是我的家乡——渭南。

　　渭南位于陕西省关中东部，这是一个十分美丽而又富饶的小城市，枕山怀水，依山傍水，干净整洁的街道，绿树成荫，鲜花环绕……这个小城市虽然其貌不扬，但是好多外国友人都来这里旅游，还会用不太标准的中国话赞叹："这儿真美！"

　　天空烟雾缭绕的景象一去不复返，瓦蓝瓦蓝的天空，云朵似棉花糖一样白；从前光秃秃的山穿上了绿衣裳，到处一片苍翠；从前，工厂废水直接排放到母亲河——沋河，原本清澈的河水变得浑浊了，河面漂浮的死鱼、各色的垃圾到处都是，现在随着人们环保意识的提高和综合治理，河水清澈透亮了，好像一块巨大的翡翠镶嵌在勃勃生机的渭南城。

　　这里公路、铁路交织贯通，陇海线、连霍高速、渭蒲高速、西禹高速，交通十分便捷。这里商贸服务业活跃：华润万家、国美电器、苏宁易购、万达广场、时代广场、恒基商业中心、奥斯卡国际影城纷至沓来，方便了人们的生活与购物，还有老城美食街，带有文化与文

明的地方，让人流连忘返……这里教育机构齐全，理念先进，为莘莘学子创设了良好的学习与奋斗的环境。这里，山青，水绿，天蓝，真是一个宜居乐居的城市！一座兼具休闲、养老、健康、文化与现代结合的城市正在这里崛起！

　　渭南历史文化厚重，英雄辈出，三贤故里：唐代大诗人白居易，宋朝宰相寇准，军事家张仁愿，在此吟唱驰骋；渭南拥有多处文化古迹；这里有第一个陕西苏维埃政府：崇凝红色革命根据地。人们来到这里可以畅游历史长河，可以体验特色乡村游，品农家饭菜；这里，有风景优美的地方——湿地自然公园，这是渭南的一个重要主题公园，湿地草青水秀，湖面上，有时还有对对鸳鸯，成群的鸭子，景象十分迷人。渭南以其宜游宜居的生活理念，演绎出人与自然和谐相处的乐章，成为国家保护区，现代城的风景画卷。

　　在这里，聆听历史与时代的和谐，感受激情与创新的共振。生活在这个宜居宜游的城市里，我感到很幸福，同时我希望更多的人都来关注这个美丽的城市。

鸽　子

皇甫琪

　　我喜爱鸽子。鸽子长着一身雪白的羽毛，白白的小脑袋上嵌着红红的小嘴和圆溜溜的眼睛，看着就是那么可爱。鸽子不仅长得好看，而且还有一个特殊的本领——就是替人类传递书信！古时候交通不是很便利，人们就用鸽子来传送信件；特别是前线战争的消息都是靠这小小的鸽子来传达的！不管是刮风下雨还是烈日炎炎，它们都是尽自己的一切努力飞到目的地，把书信成功送到人们手上，即使在途中丧命，也毫无怨言！

"现在的邮递员不就是鸽子一样的人吗？！"我不禁这么想。这些邮递员从早到晚不辞辛苦地奔波在路上，他们的背包里装着一大堆的书信，要挨家挨户准确地送到收信人手中。无论是在雷雨天，雨水打湿了他们的衣服，还是在炎热的夏天，汗水流过他们的脸颊，邮递员们都是无怨无悔地坚持着，这不就是鸽子的精神吗？

我敬佩鸽子的品质，更敬佩具有鸽子精神的邮递员们。是他们不顾路程的遥远和坎坷骑着自行车把信送到偏僻的村庄里；是他们在过新年的时候顾不上与家人团聚，顶着刺骨的寒风把祝福的书信送到千家万户……我不禁要对邮递员说一声："辛苦啦！谢谢你们！"

我喜爱鸽子，更爱像鸽子那样尽职尽责的邮递员们。让我们爱护鸽子，尊敬"鸽子"。感谢他们让我们知道了朋友的情况和家人的安危！在我眼里鸽子的羽毛永远是雪白的，邮递员的衣服永远是碧绿的！

生活的滋味

　　生活中的酸甜苦辣，红黄橙绿，各种滋味，各种色彩编织成一首首歌，一幅幅画。让我们用心去体验生活吧，你会发现生活是多姿多彩的。

迷人的秋天

刘志佳

秋天，是一位化妆师，把世界装扮得格外迷人；秋天，是一位魔术师，把大地变成了一片金黄；秋天，是一位温柔的女子，美丽可爱……

我独自走在秋天的小路上，脚下的树叶仿佛是金灿灿的地毯，踩在上面舒服极了！一阵风吹过，树叶在风中翩翩起舞，就好像一只只美丽的蝴蝶。一片树叶落到了我的头上，我拿下来一看，是一片枫叶。瞧，它红艳艳的，多美呀！

走过田野，看见农民伯伯们正忙着收割玉米，他们都很快乐，因为这是自己辛勤劳动的成果。"锄禾日当午，汗滴禾下土"的诗句响在耳边，告诉我们要珍惜粮食，每一粒粮食都是农民伯伯的辛勤劳动换来的。

风伯伯"呼"的一声吹来一阵香味，是什么呢？我正想着，哦，是不远处公园里飘来的花香。我跑向公园，看着人们正和花拍照，还有小朋友在花丛中做游戏。我站在花坛边上，闻着百花的香味，心想：那沁人心脾的清香是牵引着人们来到花园的妙招吧！一朵朵洁白的小花，藏在那绿叶的身后，好像一个个害羞的小姑娘，不敢露面似的。风再次吹来，花香围绕着人们，人们沉醉在花香中。

金灿灿的秋天，虽然没有春天那样的朝气蓬勃，但却带给人们满满的收获。

我爱你，迷人的秋天。

美丽的琵琶湾

王傢腾

星期天，我来到了琵琶湾公园。这里不但景色宜人，还有龙门楼、三步两眼井等历史遗址。

进入琵琶湾公园的大门就来到了一条大道上，大道的两旁种着许多植物，一年四季都会有鲜花盛开。

走过大道，就来到了一座石桥前，石桥上面刻有一条条栩栩如生的龙。

石桥下面就是琵琶湖了，湖里有许多小鱼在缓缓游动。还有许多游船在琵琶湖里划动。湖的右边，还有一个金色的大琵琶。

过了琵琶湖，就来到了一座石头山下面。从石头山下往山顶看就会看到一个红色的阁楼，石头山上有许多小路是通往山顶的。我们顺着小路一直往山上爬。不一会儿就爬到了半山腰上。从半山腰上，往山顶看，那个红色的阁楼就看得更清楚了。到了山顶，我们就可以看到整个琵琶湾的景色了。

哦，对了。关于琵琶湾，还有一个美丽的传说呢！今天就让我来给大家讲一讲吧。

有一年，平原一带遇到了多年不见的大旱。一连三个月滴雨不下。小溪和水井都干了，勤劳的平原人可不愿意坐以待毙呀！于是大家决定把原来的水井挖深。可是挖得把锄头都折断了，井深得不能再深了，还是没有水。大家都失望地离开了。只有一个叫秦善的小伙子，在城东头选了一块地方，挖了起来，他挖着挖着就体力不支因缺水而倒下了。这时来了一个仙女，她救了秦善，还挖了两口井，和一个下雨天用来储水的大湾，因为湾的形状像琵琶，所以取名叫琵琶湾。

琵琶湾到处都是美景，如果你有空儿也来看看吧。

美丽的家乡

036

于华青

我的家乡总是那么引人注目，那是因为家乡拥有一片美丽、独特的风景。

春天，家乡是一片生机勃勃。漫步在田间的小路上，脚下踩着松软的泥土，看着小草身上晶莹剔透的露珠以及一些婀娜多姿的草花，真让人流连忘返啊！

夏天，火辣辣的太阳照耀着大地，树木也从春天的一抹嫩绿长大到绿树成荫。小路上也开始热闹起来，大树下，有老爷爷在惬意地下棋，时不时地还为一步棋而笑闹两声。大人们闲暇时也玩玩纸牌，笑声此起彼伏。我们小孩子则是在我们自己的世界里遨游。瞧，小河边还有成群结队的鸭子欢快地戏水，鸭子们个个膘肥体壮，有白的，黑的，花的。它们在小河里自由自在，悠然自得，形成了一幅群鸭戏水的美景。

秋天，是丰收的季节，我们把目光投向田野，田野里是一片片金黄，清风徐来，庄稼此起彼伏，吹来阵阵丰收的味道。而我呢，也仿佛变成了它们中的一员，跟着它们翩翩起舞，我如痴如醉，在这金色的海洋里畅游。周围还有勤劳的蜜蜂，美丽的蝴蝶。真仿佛融入了一幅美丽的画卷。

冬天，乡村变成了一片冰天雪地，树叶落光，光秃秃的树枝在呼啸的北风里瑟瑟地抖个不停，枯黄的小草冻得弯下了腰，不过唯一没有变的是孩子们的热情，他们打雪仗、堆雪人，个个笑容满面的，似乎这寒冷的冬天也要被他们的热情融化了。

乡村的农田美，景色美，人更美。让我们去细细体会这美丽的景色吧。

生活的滋味

刘　鹏

生活的音乐——各种声音的交响曲。生活的颜色——赤橙黄绿青蓝紫。那么生活的滋味呢？自然是酸甜苦辣咸了。

酸 的 感 受

唉，语文作业，数学作业，这次考试肯定考砸了。成绩公布下来，老师的笑酸酸的，我们的眼睛酸酸的，仿佛大家嘴里都嚼着一颗酸梅糖。"哭有什么用？考试不相信眼泪。"班长相晓慧对同学们说。对，擦干泪水，找回自我，奋勇前进，一次失败算什么，只要我们努力，加油，就会创造出美好的境界，加油吧。

甜 的 味 道

我们上体育课，体育老师让我们跑步，我一不小心滑倒了，我以为同学们得哄堂大笑，强忍着疼痛赶紧爬了起来。同学们不但没有笑话我，反而来安慰我，我的心里升起了一股暖流，像吃了蜜糖似的，甜甜的。

038

苦 的 滋 味

甜的滋味有，苦的滋味更有。学习生活就是苦的感觉。这不，数学老师留了作业，语文老师也留了作业，英语、科学、社会老师统统都留了作业，虽然每一科都不多，但是加在一起就多了。真是"无边作业萧萧下，不尽考卷滚滚来"。面对越来越多的作业，没有几个同学不伸长舌头拉长脸，苦啊，苦！

辣 的 体 会

"哇，考得这么好呀！"同学们的话里带着一丝辛辣。我低头不语，看着试卷上那个鲜红的分数，不知是该高兴还是难过。我不愿意看同学们那火辣辣的眼睛。我的脸是那么烫，像吃了辣椒一样。辣的味道，我再也不要体会了。

生活中的酸甜苦辣，红黄橙绿，各种滋味，各种色彩编织成一首首歌，一幅幅画。让我们用心去体验生活吧，你会发现生活是多姿多彩的。

我被冤枉了

039

杜海超

我们儿童的世界里，不光有歌声与微笑，有时还有委屈，比如：被家长误会啦，被老师批评啦……而我们往往是哑巴吃黄连——有口说不出。

还是暑假的时候，一天上午，爸爸和妈妈下地干活去了，我自己在家看电视。看了一会儿，都是看了许多遍的动画片，觉得没什么意思。于是，我在写字台的抽屉里翻起来，希望能找到以前的一些玩具。突然，在一个抽屉里，我发现了一沓钱，有十元的、有五元的，还有一元的、五角的，我数了数，一共是六十三元钱。我拿着这些钱，浮想联翩：这么多钱，能买多少好东西呀！如果我能拥有这些钱，我先买一辆四驱的魔幻战车，我早就打听好它的价格了，现在也正在攒钱，只可惜离战车的价钱还差好大一截呢！我还要买一本我早就想买的《青铜葵花》，这本书我听读过的同学说，很不错的……就在我浮想联翩的时候，爸爸回来了，他见我正拿着那沓钱摆弄着，便不问青红皂白，上来就给了我一巴掌，嘴里还大声骂道：你这个不争气的家伙，竟然学会偷拿大人的钱了！我刚想辩解两句，爸爸左右开弓，又给了我几个大嘴巴，接着从我手里抢过钱，放到了一个带锁的抽屉里，上了锁。做完这些，他骑着自行车又下地了。

　　我哪里偷大人的钱了，我只不过看看而已！可爸爸竟一口咬定我要偷钱，怎么他这么不相信我呢？难道小孩子见了钱，就一定会偷吗？真是莫名其妙！我摸着火辣辣的脸，禁不住趴在床上哭起来。我真的很难受，我被爸爸冤枉了，却没办法证明自己的清白，我真是跳进黄河也洗不清了。

　　整个上午，我在迷迷糊糊中度过，我再也没有心思做作业，也没有心情看电视，我的心里好像有一块大石头压着，我觉得喘不上气来……

　　等爸爸回来，我一定要把事情的真相说清楚，让他还我一个清白。

　　被冤枉的滋味，真的很难受！

伤心的哭泣

赵登宇

从小到现在的十几年里，我不知道哭过多少次。这里有欲望的哭、疼痛的哭、撒娇的哭……而这次却是伤心的哭——为了一个女同学失去妈妈——让我看到了她妈妈去火化时，她几乎发疯的哭泣。

听大人们说，她妈妈是因为拼命挣钱劳累过度突发脑溢血而死的。尸体停放在正房里，冲着门口。这两天每当吃饭的时候，人们总能看见我的同学端着饭碗走向妈妈，轻声地说："妈，别睡了，快起来吃饭！别睡了，快起来吃饭呀！"她一遍一遍的哀求让在场的所有人大哭一通，流着鼻涕流着泪把她抱进里屋哄一阵子才再吃。刚听见大人流着眼泪说这事时，我觉得很可笑，觉得她真傻，死人怎么会起来吃饭呢？真傻！值得边说边流泪吗？真可笑！

星期六我们不上学，正好这一天也是她妈去世的第三天。我约了几个伙伴到她家看热闹，却让我看到她妈妈火化临出门时她发疯似的、撕心裂肺般的、让我也伤心哭泣的场景。

灵车开到她家门口，人们开始忙碌起来。只见四个男人从灵车里拉出一个像单人床一样的架子向院子里走，几个女人匆忙跑进屋里将她挡住，架子放在她妈妈旁边的地上后，人们就想抬她妈妈的尸体放在架子上。这时，她从大人们的腿缝里挤出来，疯了一样，边哭边喊边扑向妈妈："你们干什么，妈妈睡觉呢！妈妈呀，快起来看看我，抱抱我吧！我想你，你快起来看看我！"她突然扯下盖在她妈妈身上的单子，把脸紧贴在妈妈的脸上，使劲儿地蹭。"妈，你睁开眼看看我，我愿意让你看，让你亲，快点儿！"她使劲儿地摇晃着妈妈，撕心裂肺地哭叫着。我吓呆了，心都快提到了嗓子眼儿，不由自主地流下了眼泪。

我知道：这眼泪不是因欲望不能实现而流；不是因委屈而流；不是因自身伤痛而流；而是因同学失去妈妈，伤心地流；是因为她失去母爱，伤心地流；是看到同学哭得那样可怜而伤心地流。瞬间，我似乎长大了，我和同学们一起簇拥着她，搀扶着她，安慰着她，陪伴着她。我们决定未来的日子里会将所有的关爱无私地奉献给她。

苦甜变奏曲

刘承远

酸、甜、苦、辣、咸……都是人生的滋味。我要和你说的是苦和甜两种滋味，有了苦才有甜。

五年级以前，我是一个不招人待见的孩子，因为我的各门功课都是"红灯"。四年级下学期期末考试，几门功课加起来，我考了可怜的二百零八分，全班倒数第三。爸爸知道后，对我是一顿责罚，并放下狠话：暑假时间，把缺失的给我全补回来。

那个暑假，对我来说，至今还是一个噩梦。

　　白天，天气出奇地热，汗水在我的脸上流成了一道道小溪，我一边背书，一边擦汗，一台风扇被爸爸"霸占"着，我只有羡慕的份；晚上，蚊子似一架架"小型轰炸机"，轮番向我袭击，我的身上、脸上、胳膊上，到处都留下了斑斑点点的小红疙瘩，痒得我一阵阵胡抓乱挠，一道道的血印，让人看了触目惊心……我一直怀疑：爸爸的心咋这么硬，现在看来，当时爸爸的心里一定也在心疼后悔吧？但是，他知道，他一松懈，一切便会半途而废。暑假，美好的暑假，在我的眼里成了一个给我带来苦难的恶魔，我的感觉只有苦、苦、苦……但是，我天生不服输的性格，使我反而横下一条心来：我一定要学出个样子来，给爸爸看看！

　　一个暑假，整整五十五天，我吃尽了苦头，瘦了十三斤，我仿佛换了一个人似的。我把整个四年级的所有课程又重新学习了一遍，我觉得自己像脱胎换骨了一般。直到这时，爸爸才露出了久违的笑容。

　　上了五年级，我的表现，让所有的老师都大跌眼镜，他们都很纳闷：这小子，啥时候变了个人似的，变得爱学习，学习成绩也倍儿棒了呢？只有我和父亲我们两个人看到这样的目光时，会会心地一笑：这是一种怎样的幸福感觉啊！每当这时，我的心里总是美滋滋的！

043

　　现在，我即将毕业了，即将踏上新的征程，我想和所有的学弟学妹们分享一下我的经验：苦和甜是一对好兄弟，没有苦有就没有甜，先有苦后有甜，这大概就是苦甜变奏曲的真正内涵吧！

我爱我的家

王琪琪

"我们都有个快乐的小窝，那是爸爸妈妈心的嘱托，时尚的衣柜，美丽的书桌，遥望窗外，校园美景向我诉说……"这是我最喜欢的一首歌。

我有一个幸福快乐的家，家里有爸爸、妈妈、姐姐和我。我们的日子过得很平凡，但也很快乐、充实。我爱我的家！

爸爸是家里的一家之主，家里的大事基本上都是他说了算。今年爸爸为了使我们的生活更加地好，他到外面去打工了。在外打工非常辛苦，但他从来没说过一次累和苦。每次打电话回来，总是鼓励我和姐姐好好学习，我和姐姐都下定决心好好学习，绝不辜负爸爸的期望。我爱我的爸爸！

我的妈妈是一个非常勤快的人。每天早上，家里早早就奏起了锅碗瓢盆的交响曲，那是勤劳的妈妈在做早饭。妈妈每天都在忙着，但她再忙也不会忘了辅导我的功课。每天晚上，妈妈都会将我的作业检查一遍，不管是多细小的错误她都会找出来并叫我改正。我爱我的妈妈！

我和姐姐的关系是最好的，姐姐在外读书每两个星期回来一次。她每次回来我都非常的高兴，晚上我常常和姐姐一起睡。我们躺在床

上分享开心或不开心的事。当她再次去学校时，我都非常舍不得她。我爱我的姐姐！

这就是我的家人，相亲相爱的一家人。我爱他们，我爱我的家。

和爸爸一起干活

李晓馨

那是一个星期天，吃过早饭，爸爸问我：

"写完作业了吗？"

"写完了。"

"写完了跟我下地吧！"

说实话，我真不想下地，可是，既然爸爸知道了，我已经写完了作业，便没有什么别的理由再赖在家里了，况且，这次回校时，还要交生活费呢！如果不答应爸爸，生活费可能就给不痛快。于是，我勉强同意了。

来到村东的一块棉田里，我问爸爸："咱们干什么活呀？"

"拾草。前几天，我和你妈已经把草都拔下来了，今天晒得差不多了，咱们今天就把这些草拾起来，推到地外边去。"

我们立即干了起来。草真多呀！我用镰刀一拉，就会弄起一大堆来。我一边堆，一边往地外边弄，大约跑了有七八趟吧，我的汗水就顺着我的脸颊流下来了，我用手一擦，接着干。忽然，不苟言笑的爸爸竟大笑起来，我很诧异：有什么事情值得爸爸这样开心地笑？爸爸指指我的脸说："你看你，快成了花老虎啦！"我却装作生气的样子，把嘴一噘："人家成了这个样子，你还有心思笑话人家！我不干了！"说完，我就径直跑到地边上坐下来休息。爸爸哪里知道，这是我使的"借故休息计"！

爸爸没有停，他继续捡着，捡了有一大堆后，用一辆小推车，再把它推到地边的河沟里。天气很热，爸爸只穿着一件背心，热辣辣的太阳把他的胳膊晒成了紫铜色，在灿烂的阳光下闪闪发光。他没喊一声热，没叫一声苦，没喝一口水，一直不停地捡着、推着。汗水顺着他的头上、脸上、身上流下来，我的眼泪不由自主地流出来，或许爸爸觉察到了什么，问我怎么啦？我说没事。

爸爸这么拼命干活都是为了我能生活得更好一些，爸爸为我承受了很多的累和苦。我一定要好好学习，有朝一日，我要让爸爸多多品尝甜的滋味，享受幸福美好的生活。

家有"要"妈

李菲菲

圆圆的脸蛋，乌黑的头发，一双炯炯有神的大眼睛……这就是我家的"要"妈。

"要"妈说话的时候"要"字就太多了，常常把我弄得晕头转向，比如："不要吃膨化食品，不要偏食，要多喝水。"

早晨吃饭时，"要"妈发话了："吃饭前要洗手，要讲卫生，不要边看电视边吃饭，不要一心二用。"吃饱饭后，我背起书包准备上学，这时，"要"妈又发话了："走路时要看红绿灯，在学校里要认真听讲，上课不要开小差，不要走神，对同学要热情……"我听后，连忙溜出了家门。

放学回家，"要"妈又开始唠叨了："要认真做作业，做作业时要专心致志，不要着急看电视。头要离本子一尺，不要成为近视眼。"唉！这些话天天重复，脑袋都要炸了。

有时，即使"要"妈出门但我也还生活在"要"的世界里。

一天"要"妈突然接到了一个电话，是在外地的爸爸打来的。原来爸爸生病了，"要"妈一听，立刻收拾东西准备去看爸爸。那时，一想到可以自由几天不被"管"了，我心里很高兴，但没过两天，就觉得心里发空。好在"要"妈总是三番五次地给我打电话，让我在家里不要一直看电视，要认真完成作业，一定要认真做作业……

我估算过，一年中，听"要"妈说话的时间比睡觉还多！虽然"要"妈很唠叨，可她的话像一声声警钟，时刻提醒着我。

047

家有"要"妈，难道不是一种幸福吗？

我家是个大糖罐

血翼天使

别人都说自己的家像温床，像港湾。我说，我的家像糖罐，全家人扮演着不同的糖果角色。

生活的滋味

妈妈——酒心巧克力

妈妈在家中掌握"生杀大权"，所以她将酒的辛辣和巧克力的甘甜发挥到了极致。她对我严格的时候，就会使人像吃了满满一口的酒心，那股辛辣的气息会使人感到强烈的压迫感。但是我认为，妈妈最厉害的招数却是"变脸"。有一次，我给妈妈看成绩单，妈妈一看大发雷霆："为什么才考六十九分！"我一听，忙将成绩单转正——九十六分。妈妈立刻多云转晴，说道："乖儿子你想吃点儿什么？"

弟弟——口香糖

我弟弟超级能黏人。他属蛇，一见到我就像蛇一样缠了上来，又像口香糖一样黏上我，而且不分场合、地点和时间。特别是冬天，睡觉也不得安宁，他是属蛇的，身子的温度堪比蛇一样的凉。一到冬天，他睡觉时一定要在我身上取取暖不可。他的目的达到了，我却因此变成了"冰棍儿"。

爸爸——薄荷糖

我老爸这个人十分古板，从我记事开始就没舍得给过我一个笑脸，如同一片薄荷，冷冰冰的，但回味他的话，还是有一丝甜蜜夹杂在里头。以前，我一受伤就会哭，妈妈便会来哄我，可爸爸只会在一边冷眼相待。我以为他不爱我，所以对他冷淡起来。一天我正在翻箱倒柜地找资料，偶然翻到几本笔记本，好奇心促使我翻开看看，只见发黄的纸张上记录了我从小到大的生病记录。原来，爸爸很爱我，只是不善于表达罢了。

爷爷——牛奶糖

慈祥的爷爷，一向是小孩子们的保护伞，无论我们犯了什么错误，爷爷总会笑呵呵地"教训"我们。小时候，我和弟弟还不懂事，经常和爷爷开一些小玩笑，爷爷倒也不恼，只是笑呵呵地说："你们这两个小兔崽子，看我不教训教训你们。"说完就往我和弟弟的屁股上拍两下，一点也不疼，所以我和弟弟会一边笑一边闹，爷爷也经常被逗得哈哈大笑。

这便是我的糖果家庭，你家又如何呢？

我的"十大罪状"

张　硕

今天我又挨老妈打了，我都十二岁了，还挨打，不管疼不疼，都不光彩。想知道老妈为什么打我？还不是因为我这周末表现"太好了"，犯下了十大"罪状"！

第一大"罪状"：因为今天是周末，昨天晚上十一点才睡。所以，今天早上九点才起床，这便是我的一大罪状：晚睡晚起。

第二大"罪状"：我早晨不爱读书，老是觉得我记忆不佳，所以读书、记单词的任务都在下午完成。妈妈却说我违背了至理名言：一日之计在于晨，一年之计在于春。成了第二大罪状：浪费时间。

第三大"罪状"：记单词不牢固，虽然一天只记两个单词，看似很简单，但是，这是日积月累：第一天两个，第二天四个，第三天六个。我总是记了新的，忘了旧的。

第四大"罪状"：吃饭不专心，东张西望。

第五大"罪状"：吃饭口小，不知道为啥，反正我也改不过来，不会大口吃饭，妈妈教了我很多次，但终究无功而返。

第六大"罪状"：洗不干净碗，洗碗已经成为我的任务，但我总是洗不干净，还没有一次洗干净过，唉！此罪罪名：屡教不改。

第七大"罪状"：每天看电视超过三个小时。罪名：自残体。

第八大"罪状"：在网上挂QQ。让我妈知道了，理所当然定了罪。

第九大"罪状"：在网上看动画片、好莱坞大片。妈妈也不理解，说什么电视上不是有吗？其实电视上面是不会有的！但妈妈死心眼儿，胡乱加一个罪名：喜新厌旧。

第十大"罪状"：不收拾房间，不擦桌子。这点我承认了，罪名是：懒散不堪。

这就是我

魏展翼

我，中等身材，炯炯有神的眼睛，不高不矮的鼻梁，善听知识的耳朵，参差不齐的牙齿。下面就请看看几个关于我的故事——

登龟山

那是一个星期天的上午，我和爸爸妈妈一起去登龟山。来到雄伟的龟峰前，我和爸爸决定去一睹龟峰风采，体会诗中"无限风光在险峰"的意境，而我的妈妈却怎么也不让我们去登山峰，因为通往峰顶的阶梯十分危险，非常笔直陡峭，像是从空中垂下的梯子。但是，我和爸爸仍然坚持要去登山峰，我们小心翼翼地一步一个脚印慢慢地往上爬，虽然在登山的过程中，我和爸爸都十分累，还感觉到前面的道路难行和危险，可是我们并没有因此而停止不前。我们一路上相互搀扶互相鼓励，克服了各种困难，终于爬到了山顶。我们终于感受到了"会当凌绝顶，一览众山小"的境界，领略到了"不畏浮云遮望眼，只缘身在最高层"的景观，体会到了"横看成岭侧成峰，远近高低各不同"的哲理。

勇于攀登、坚持不懈的我。

051

探 究 公 式

记得我在小学六年级的时候，我每次听讲都非常认真，因而六年级的练习题几乎没有我不会做的。然而，有一次做一道有关平方数减法的奥数题时，却难住了我。于是，我抱着"不解开此题，永不罢休"的想法，我苦苦地计算着，努力地寻找答案。我经过冥思苦想，推来翻去，不断地推敲，我终于发现了平方数减法的公式——两数平方的差等于两数和与两数差的积。

勇于探究、盘根问底的我。

生活的滋味

痛 失 考 分

虽然我有许多优点，但我也有许多缺点。不信你听听——

记得在前不久"博达学校"招生考试中，前面的题我都很顺利地解决了，因而我很高兴，得意忘形，就很马虎地做完了最后一题。等我走出考场时，我突然意识到我最后一题做错了，那正确的答案我想出来了。结果，我距第八名仅差两分。

粗心大意、得意忘形的我。

听完上面的几个小故事，你对我应该有了一些了解吧！你一定会说："你是一个勇于攀登、坚持不懈、勇于探究、盘根问底、粗心大意、得意忘形的人。"

想必你一定会问，我是谁？告诉你吧，我就是魏展翼。

052

自 我 介 绍

李天骄

大家好，我有一个好听的名字叫李天骄，我想爸爸、妈妈给我起这个名字也许是想让我变成天之骄子吧！我现在已经十二岁了，是个活泼、好动的女生。如果想更深层地了解我的话，就往下读吧！

我的外貌是极不出众的，短头发，因为妈妈说要是绑辫子的话，

头发被皮套紧紧地绑着，该不聪明了，因此我剪成了短发。我的脑门和后脑勺很突出，大人们都说："这孩子一定很聪明。"我是一张瓜子儿脸，淡淡的眉毛下面还有一双乌黑发亮的小眼睛，别看我眼睛小，但是很有神。高鼻梁下面还有一张不大不小的嘴巴。

　　我的爱好五花八门，其中我最喜欢画画了。我是学国画的，刚开始我很讨厌画画，可妈妈非逼着我学，没办法，小孩子是拧不过大人的，可是学着学着我就改变了我的观念。因为我刚开始不喜欢画画，妈妈就把情况告诉了老师，老师就用特别的方法来"对付"我。在我刚开始画画的时候，老师让我画蜻蜓，刚开始画的时候不怎么像，于是老师就说："你画的蜻蜓怎么那么像虫子呢？"听到老师的话，我并没气馁，从此我天天画，终于有一天，我画的画变得栩栩如生、婀娜多姿，老师的脸上露出了满意的笑容。

　　我是一个品德优良的孩子，我最大的特点就是有爱心。记得在刚刚过去的这个寒假，我和爸爸、妈妈还有大姨去姥姥家。到了那里，我把手中的东西放下就去了院子里，眼前的一幕使我惊呆了：一只小猫的一条后腿没了，当时我很想收留它。于是我就问姥姥："姥姥你能不能收留这只可怜的小猫呢？"姥姥摇了摇头。"求求你了姥姥，它真的太可怜了。"我用哭似的语气说，姥姥终于答应了。我飞快地把小猫抱到屋里给它喂食，并给它取了一个名字叫"叮当"。

　　这就是我，一个真实、有爱心的我。怎么样，你们了解我了吧！

自信的我

张周瑶

　　大家好，我是三年四班的同学，张周瑶。也许我和别的女孩不同，一般的女孩差不多都很文静，话很少，而我和她们恰恰相反：我天生是个乐观派，整天嘻嘻哈哈的，很聪明、很顽皮，也很自信。

　　俗话说："金无足赤，人无完人。"普天之下，没有谁是十全十美的，当然我也不例外。我最大的缺点就是粗心大意。去年的时候，我每次考数学总是分数不高，差哪儿呢？唉，都是"马虎"惹的祸。人家出的是"73+27"，我看成了"73×27"。每次就差那么一点点，总考不了100分！我很不服气，也很懊悔，发誓一定要挑战自我，发奋学习。因此，我的老妈就对我实行了"魔鬼训练"。我每天必须做两页口算题，如果出错，就再罚做两页，做不完还不许睡觉。经过一段时间的训练，我计算的准确率提高了，不再犯那种低级的错误了。果然，我考了100分，这可全靠我的自信和努力呀！

　　我的爱好也很广泛，跳舞、画画、写作、唱歌……我最喜欢跳舞了。我从一年级开始学习跳舞，跳了一个学期，妈妈为了让我学得更好，给我换了一个舞蹈老师，他就是华夏未来的王跃老师。记得我刚去那个舞蹈班的时候，由于我有许多舞蹈动作都还没有学，所以跟不上，也经常挨老师的批评。但是老师看我跳舞很用功，就每次纠正我两个错误的动作。回到家后，我就不厌其烦地练习，一练就是两个小时。妈妈也很严厉地监督我，有几次我都累得哭了，妈妈告诉我："对自己要有信心，没有哪个人一生下来就会成功，只有经过不懈努力，才会成功。"我渐渐地有了自信心，舞蹈进步也很快，经常受到老师的表扬。我也越来越喜欢跳舞了，希望我将来能成为一名舞蹈老师。

成功来自自信，经过我的努力和拼搏，我取得了优异的成绩。我的作文在第十三届"中国青少年作家杯"作品大赛中荣获银奖，在"中国青少年作家记者杯"征文大赛中荣获二等奖。我的动漫画也在"全国第九届少儿美术杯年度艺术展评"中获得三等奖，舞蹈在区级文艺会演中获得二等奖，我还被称为"爱心小天使"。

成功是船，自信是帆。在今后的学习中，我一定要坚定目标，充满自信，一步步走向成功。

我家的"黄毛"

郭　旭

我家有一只可爱的小狗。它长着一身黄色的皮毛，摸上去绒球似的柔软，雪白的爪子，黑润的鼻头，还有一对黑白分明圆溜溜的小眼睛。它总是四处张望，充满了好奇的神情。刚开始抱养来，它对我家是陌生的，显得有些胆怯。渐渐地它对我家生活情况了解了，就到处乱跑，活泼又可爱。有时我家来了客人，都会夸它长得漂亮，它似乎听懂了似的，尾巴摇得更欢。如果没有夸的话，它就会咬住客人的裤子。

都说狗通人性，的确是呀！记得有一天，"黄毛"乱叫，我突然想起今天忘给"黄毛"喂食了。于是，我忙叫爸爸给它买点儿东西吃。因为我怕它吃剩饭菜，这样对身体不好。从卖店回家有两条路，爸爸从左边的路回来的，这狗可能是因为跟爸爸时间太长的缘故吧，去左边那条路接爸爸了。到了家，它连蹦带跳地往我身上扒，好像在说："主人，快给我食物吃呀，我饿极了。"我把东西给了它，它边摇尾巴边开始大口地贪婪地吃起来，那样子好像饿了八百年似的。

还有一次，我和它玩捉迷藏的游戏，它闻着我的气味一下就找到我了，轮到我找它时，我怎么也找不到它，最后终于在厨房里找到了它。它这时正在津津有味地啃骨头呢！它看见我来了，赶紧把骨头丢在一旁，蹲在墙角里，一声不吭生怕我骂它似的，两只眼睛紧紧地盯着我的一举一动，我看着它那紧张兮兮的样，情不自禁地笑了。

这就是我家的小狗，可爱又调皮的"黄毛"。

我喜欢小麻雀

郭梦菲

麻雀是人们常见的一种鸟，它不像孔雀那样绚丽多彩，但我却在百鸟中独爱它。

麻雀很可爱，但它的脑袋很小，只有栗子那么大，长着一双小巧玲珑的眼睛，非常有神。它长着灰色的羽毛，和树皮色相似，是一种保护色，它的颈部和腹部的毛发白，显得很均匀，它的尾巴像半张开的扇子，飞得特别快。

麻雀整日叽叽喳喳地叫，它的声音不像公鸡的声音洪亮，也不像喜鹊的声音清脆，更不像黄鹂的声音婉转，但是许多麻雀在一起，却可以奏出人类无能为力的歌声。

我喜欢麻雀，也佩服麻雀这种顽强不屈的精神。我曾经捉住过一只小麻雀，把它放在精致的鸟笼里，像对待百灵、画眉那样珍贵的鸟一样对待小麻雀，让它有一个舒适的家，而且还有充足的食物，可是麻雀好像对这种生活不屑一顾，就这样绝食了几天，它含恨而死了，我想如果我们每个中国人都有宁死不屈的气节，不慕虚荣，不见异思迁，那就好了。难道我们还不如一只小麻雀吗？

貌不惊人的小麻雀很讨人喜欢，也可以让人得到些许启示。

057

我家的长毛狗

霍欣悦

以前我家养了一只长毛狗，它小的时候，身体被软绵绵的白毛包裹着，浑然就像一个毛线球，所以我就给它起了一个可爱又淘气的名字——球球。

球球浑身上下长着如雪的白毛，摸上去软绵绵的，像穿着一件干净的白毛衣。头顶上耷拉着一对小耳朵，一对像黑珍珠似的大眼睛骨碌碌地转，扁扁的小鼻子一天到晚不停地嗅着一切它感兴趣的东西，毛茸茸的尾巴十分灵活，时常不停地左右摇摆。

每次我们家吃饭，它都会围着餐桌不停地转圈，还不停地汪汪叫着，摆出一副不给吃的不罢休的架势，好像在说："主人，快点儿也给我吃的吧，我好饿啊。"不过它最喜欢的还是骨头，有一次我拿了一些米饭给它吃，可它一点儿也不为之所动，直瞅着我叫，我看着它渴望的眼神，明白了它意思，我就拿了一小块骨头放在米饭上，它立即抢了过去，把脸埋在食盆里，不顾一切地吃着。

我最喜欢的还是逗它吃花生。一天，我拿了一小把花生，球球看见了，围着我直转，我把一粒花生向上一抛，球球纵身一跃，张开嘴巴丝毫不差地接住，然后尽情享受着胜利的果实，吃完后，它还用舌头舔舔嘴巴，仿佛在回味刚才的美餐。

它喜欢在院子里追皮球。每天我放学回家，常看到它在追皮球玩儿，见我来了，它就晃着尾巴，跑到我身边。我们大院里的狗很多，小狗们时常会为了自己的利益而打架。一次，我带着球球出来散步，只见一黑一黄小狗为了争一个皮球而打得不可开交。我非常好奇，便和球球认真观看起这场"决斗"，不过就在两只狗为了皮球你追我赶的时候，我家的球球早已经准备好了坐收渔利，只见它机灵地叼起皮球，头也不回地飞快跑回我们家了，根本不给它们喘气之机，等那两条狗反应过来为时已晚。看到此情景，我被逗得捧腹大笑。

这就是我家的球球，它的活泼、淘气、可爱给我家带来了许多欢乐。我爱我家的长毛狗。

"花卷"不乖了

李夏爽

　　我家养了一只可爱的小花猫，我给它起了个奇葩的名字——花卷。注意哦！这个花卷可不是真的花卷哦，我之所以叫它花卷，是因为它第一天来我家时，我家正在做花卷。"花卷"脑袋圆圆的，顶着一双尖尖的小耳朵，还有一双大大的眼睛，由于瞳孔的问题，有时像大葡萄，有时像枣核，有时又像绿宝石。它还有一身墨色的毛，美丽极了！以前的它小巧可爱，乖巧善良，可那次它却不乖了。

　　那一天，我懒洋洋地趴在床上悠闲地玩手机。过了一会儿，突然肚子痛起来，我跑向厕所，后面的小花卷也跟了上来。小花卷用自己的爪子挠了挠我，我看向它，它好像在用自己真诚的眼神告诉我："小主人，陪我玩嘛！"我没理它，它一下子跃到我的腿上，我说："小花卷，快下去！"它喵了一声好像在拒绝，它的左爪抓在我的手上，我用另一只手推它，可它的爪子紧紧地抓住了我的手，"唰"我的手上出现了三道抓痕，我本想：不就是有了三道抓痕吗？没事。可过了一会儿，出血了。"啊！完蛋啦！我会得狂犬病的。"我心想。我赶紧提上裤子，飞奔到屋里，妈妈看见了问："怎么了？"我举起手给她看，妈妈说："走，不要担心，我带你去医生那里看看。"到了医生那，医生说没事消消毒就好了，回家的路上，我心想：幸好没

059

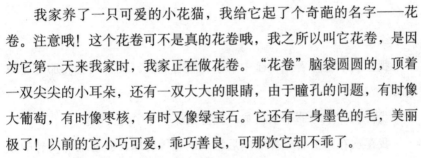

生活的滋味

事，要是和三年级一样，要打疫苗，就完了，因为我有点儿晕针。

唉！小花卷啊！你这是咋啦，为啥要挠我啊？人家对你那么好……嗯，好吧，也许你不是故意的，原谅你了，我的小花卷！

我 喜 欢

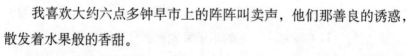

吝佳源

060

我喜欢下楼时看见花园中的小花轻轻点头，我喜欢它们那可爱的色彩。

我喜欢等车时那车水马龙，我喜欢那喧哗中的文明。

我喜欢在车上看见外面向后移动的幢幢房屋，我喜欢那简朴的颜色，在我眼中它却像彩虹一样。

我喜欢到校时那一声声"同学，早上好！"那份彬彬有礼。

我喜欢在阳光照耀下婀娜多姿的柳树，她们轻轻地摆弄着长发，我喜欢那柔美中的勃勃生机。

我喜欢大约六点多钟早市上的阵阵叫卖声，他们那善良的诱惑，散发着水果般的香甜。

我喜欢画画，喜欢用各式各样，五彩缤纷的水彩笔画画，画画能让我更加自信坚强。

我喜欢动物，有可爱的，有凶狠的，有奇异的……但他们有一个共同点，就是可以给我带来快乐。

我喜欢望着天花板发呆，把眼睛睁得大大的，当时我也不知道我在想什么。

我喜欢想象，我喜欢想象成群的牛羊在山坡上吃草，我喜欢想象美丽的花朵轻轻地摇曳，我也喜欢想象在绵绵细雨中，一个女孩儿打着淡色的伞，读着自己的作文——我喜欢。

我喜欢……

我第一次发现，其实生活中我有这么多的喜欢！

我有一个爱好

胡昊博

我的爱好有很多很多，多得就像夜空里的星星那样数不清，但我最喜欢的还是看书。看书能让我走进童话故事，能让我穿越到古代；看书能让我遨游在知识的海洋，能让我了解宇宙万物……

先打开我的书架：《安徒生童话》《幸运兔精灵》《快乐王子》《蓝鲸的眼睛》《尼尔斯骑鹅历险记》……在这里，我跟兔精灵与幸运打败了黑猪巫师和今贝总裁；骑在小燕子身上与拇指姑娘谈心；与尼尔斯一起帮助黑老鼠夺回了家；陪小女孩一起把眼睛还给了蓝鲸……在我的床头柜上还有一个"神话盒子"呢！里面有《西游记》《神笔马良》《中国神话故事》等等，手捧起它们，我就能与唐僧师徒同去取经、一路降妖除魔，与精卫一起填海，与后羿一起射日，与马良一同惩治贪官污吏，看牛郎织女在鹊桥上相会……那时的我全身充满无限神力。

生活的滋味

虽然我爱看书，可看书也给我带来了烦恼。例如，我曾费尽周折借来了一本《山东寻宝记》，为了能在当天还书，上课时我曾多次把头探进了抽屉，多次被老师发现，当天晚上，各个老师都"很客气"地向我爸爸反映了这一情况，结果遭到了爸爸严厉的责罚。还有许多次，我为了看书，常把书塞进衣服里，以上厕所为由蹲在厕所里，足足看了两个多小时的书，妈妈知道了就把"书呆子"的美名赐给了我。

书籍是人类进步的阶梯。读书能充实我的课余时间，能丰富我的知识阅历，能陶冶我的思想情操，所以我喜欢读书、爱好看书。

我的声乐梦

简含笛

我，一名五年级的小学生，乌黑亮丽的长发是我的骄傲，像宝石一样明亮的眼睛对一切都充满了好奇。我是一位热爱声乐的小姑娘。

声乐既是我的最爱，又是我的特长。我自打一年级就开始了学习声乐之旅。在学声乐的路上，陆陆续续有人绊倒，有人叹气，有人放弃，可我一直奔跑着，一刻也不愿停下，汗水和泪水见证了一切。

记得很小的时候，每次在舞台下听着那美妙的声音传来，总想象着那台上的人就是我，总是情不自禁地跟着哼唱，惹得周围的人一阵嘘嘘……我毫不在乎，依然会旁若无人地跟唱，我太爱唱歌，太向往那闪闪发光的舞台了！妈妈见我这么痴迷，就帮我找了个声乐老师，

从此我就踏上了声乐之路。

一开始学，老师就夸我有天赋，说我发音标准，很有乐感，这更让我觉得自己离梦想不远了。但天下没有太平坦的路，失落与挫折也不时地问候我。有一次练习一首歌时，唱了好几遍，老师都不满意，一下说气息没掌握好，一下说表情不到位，一下说节奏没把握……我急得快哭了，对自己的能力产生了深深的怀疑。回到家时，我跟妈妈说学声乐太难了，不想坚持下去了。妈妈严肃地对我说："学声乐是你自己选择的，想想自己报名时的信心，因为一点点困难就放弃，能学有所成吗？你要明白：所有的鲜花和掌声都是用汗水换来的！"听了妈妈的话，我羞愧极了，决定重整旗鼓，坚持下去。

现在我每次唱歌时，别人都说好听，声乐带给我的快乐胜过一切。我的声乐之路还很漫长，我会实现对妈妈的承诺，一步一步走下去。

063

我喜爱的《西游记》人物

相忠超

对《西游记》我甚是喜爱。这部小说塑造了四个主要人物，这四个人物形象各有特点、性格各不相同，恰好形成了鲜明的对比，这使我很佩服作者高超的写作技艺，我觉得善于刻画人物形象便是他的精妙之处。唐僧——诚心向佛、顽固执着，孙悟空——正义大胆、本领高超，是妖怪们的克星，猪八戒——贪财好色，但又不缺乏善心，沙

生活的滋味

僧——心地善良、安于天命。

我最佩服孙悟空，第一：他人妖分明；第二：他对唐僧忠心耿耿；第三：我喜欢孙悟空机智勇敢战胜妖魔鬼怪，克服一个个困难的精神。当然，孙悟空也有缺点。他总是认为自己的想法是对的。孙悟空还很调皮，常常搞恶作剧戏弄猪八戒。不过，他们最后还是齐心协力取得了真经。我十分欣赏他身上那种叛逆精神，以及他敢于和强大势力做斗争的勇敢精神。

其次是唐僧。以前，在我心中唐僧是一个非常善良，但是善良得有点儿令人讨厌的人。就拿《三打白骨精》这回来说，唐僧轻易相信白骨精而不相信火眼金睛的孙悟空，当我第一次看到这里的时候，我非常地讨厌唐僧。可是当我再读的时候，我的想法就不同了，我觉得唐僧不仅善良，而且他醒悟过后还非常虚心，他一味地为他人着想，不愿意让别人受到伤害。

064

谈到猪八戒，以前他在我心中是一个贪吃贪玩贪睡，整天无所作为的大懒猪。当我多次看过这本书后，我发觉猪八戒才属于我们真正的朋友，虽然他有点儿小毛病，可是谁身上没有点儿缺点呢？在危险的时候，猪八戒能无微不至地照顾他的师父，从这一点就可以看出猪八戒还是在抑制自己不好的思想，可见他是一个可以把自身缺点改变的人。还有，猪八戒也挺聪明的，又讲手足之情。自从孙悟空三打白骨精后，唐僧觉得孙悟空杀生太多，决心赶走孙悟空，猪八戒劝唐僧留下孙悟空。可唐僧决心已定，孙悟空还是走了。不久，唐僧被妖怪抓了。猪八戒对孙悟空说师父想他，孙悟空不予理睬，猪八戒见软的不行，来硬的，用激将法把孙悟空请了回去。

假如选择其中一个做朋友，你会选择谁呢？

阳光的味道

　　细细地一嗅，那阳光的味道是那样的芬芳诱人。一直浸入我的心里。哦，是我敬爱的老师带给我的阳光的味道，闻着这舒服的味道，我甜甜地进入了梦乡。

老师的火眼金睛

娄家赫

我们班有一位王老师，眼睛能发现一切，所以大家都叫她火眼金睛的王老师。她有一双明亮的大眼睛，似乎能看透我们的一切想法。她爱和我们一起读书，我们也喜欢她的语文课。

在她的课上，没有一位同学敢在下面做小动作，因为一上课老师就开启了她火眼金睛的特异功能。

有一次，我们班三位同学在她的课上玩水枪，你打我一下，我打你一下，老师在黑板上写着、讲着，背后像长了双眼睛似的，转过身眼睛轻轻扫过全班，眼光落在了刚才三位同学身上，"刘海涛、王丽、文雪，把你们手里的东西交上来。"刘海涛撇撇嘴和其他两位同学把水枪交到老师那儿。放学后大家还在讨论我们怎么被老师发现的，难道她还真有火眼金睛？刘海涛摇摇头说："我才不信呢！"

为了弄清楚王老师到底有没有"火眼金睛"，我们向王老师发起了挑战。这天周五，我们几个同学请病假，在老师回家的必经之路上挖了一个坑，上面铺上草，一切收拾妥当，就等王老师下课回家。我们几个躲到房子后面，看王老师有没有特异功能。左等右等就是没有王老师的踪影，几个小时过去了，我们都不耐烦了，准备要回家，突然远处有一个身影，好像是王老师。越来越近，我们几个屏住呼吸，

看看王老师到底有没有"火眼金睛"，快到坑处时我们都闭上了眼睛，只听到"啊"的一声，王老师躺到了地上。我们几个你看看我，我看看你，不约而同地跑向王老师。我们扶起王老师，向王老师道歉并说明事情的经过。老师笑了笑说："我没有火眼金睛，但我有一双细心观察的眼睛，能发现你们的动作。知道为什么我这么晚才回来吗？我呀，去你们家找你们去了，看你们'病'好些了吗？"听到这儿，我们都红着脸，低下了头……

在以后的日子里，我们好好听课，再也不做小动作了。原来老师也是一个平凡的人，并没有特异功能，但我们也更爱平凡的她。

难忘的语文课

李志杰

"丁零零"上课了。朱老师踩着铃声走进了教室，刚才喧闹的教室立刻变得鸦雀无声。"同学们，今天我们上课的主题是——欢乐中国年。"朱老师满脸微笑地对我们说。班里顷刻间炸开了锅，问题像泡泡一样一个一个地往外冒：这节不是语文课吗？什么是欢乐中国年？老师今天要干什么？……同学们有的眉头紧锁，不知道老师今天要给我们出什么难题；有的脸上充满期待，老师会带给我们什么惊喜；有的窃窃私语……

接着，老师给我们播放《欢乐中国年》的歌曲，同学们有的跟着哼唱，陶醉在优美的旋律中，有的不会唱，就跟着音乐来回晃动，像只活泼可爱的小企鹅，还有的跟着音乐有节奏地拍着手，个个脸上洋溢着新年般红红火火的笑容。然后，朱老师和我们一起讨论过年的习俗，还讲了好多她小时候过年的事情，让我们知道了我们现在是多么的幸福，让我们学会珍惜现在，懂得感恩。同学们这节课都听得津津有味，学了好多从来不知道的东西。美好的时光总是短暂的，我们齐唱着《欢乐中国年》结束了今天这难忘的一课。

我喜欢这样的课，也希望以后能多上几节这样的课，让大家在紧张的学习之余放松一下。其实，这样的课堂引导我们不要死读书，乐于读书，开阔了我们的视野，拓展了我们的知识，拉近了我们和社会的距离。这就是所谓"风声雨声读书声，声声入耳。家事国事天下事，事事关心"。

我们班的小倩美女

王雨涵

"时光还在不停游荡，每一份回忆都是用心收藏……"每当我唱起这首歌《八年的爱》，我就不由得想起同小倩美女深深的师生之情。小倩老师已经调走将近一年的时间了，但我们那一幅幅欢笑的画面仍让我记忆犹新，仿佛就停留在昨天……

在学习中，她总能鼓励我们找到问题的突破口，收获胜利的果实。在生活中，她关心我们，看到一个神情不对，就立刻嘘寒问暖；在课余时间，她爱护我们，让我们别跌倒，别乱跑，别去危险的地

方……这一切的一切，就像开在我们记忆深处的花朵，仿佛每一刻都会绽放她那阳光可爱的笑脸，让我们得到心灵的慰藉，不再伤心，不再痛苦，不再流泪，让我们班活泼、开朗、积极向上。这难道不是对我们无微不至的爱吗？

这是谁呢？

接下来就公布秘密了——陈倩倩老师。说到这里可能有些同学会问我，你为什么叫得这么亲切？为什么说是小倩美女，她长得很漂亮吗？

关于问题一：因为倩倩老师无微不至地照顾我们，她希望我们能成才，能健康成长。但她的方式却是独一无二的，如：我们跌倒了一定要自己爬起来，绝不让人上前扶，并保证以后再也不在同一地点摔倒了。我有时会想：老师，这应该就是在锻炼我们，想让我们不停地茁壮成长，不能像温室里的花朵，而应该像长在寒风中的小草，不管风吹雨打，都要坚强。正如古诗里说的"野火烧不尽，春风吹又生"。学习上她布置的作业不是很多，但很有意义，想让我们多积累知识……从这些事情我感觉倩倩老师就像我们的亲人，我们的好朋友。这就是让我倍感亲切的原因。

069

关于问题二：对这个问题，我可以不假思索地回答你，你不要怀疑，我们老师确实很漂亮，但我觉得心灵美更能体现出一个人的真正品质，有时候我们去问老师问题的时候，老师给我们讲解完题目就完事了。要是差生去问问题，老师像中了奖似的欣喜，给他们分析、讲解得津津有味，最后还要给他们出一些类似的题，让他们解答，证明理解透彻了。这时，老师脸上露出了欣慰的笑容。

这就是我们班的小倩美女，我们敬爱的老师。

师 爱 如 灯

刘子涵

　　"静静的深夜群星在闪耀，老师的房间彻夜明亮……"一支悠扬动听的歌飞入了我家窗口。此时，我思绪如潮，连绵起伏，久久不能平静，那是因为我想起了我们敬爱的班主任老师。

　　老师，您就是园丁，我们就是您种出来的花朵；您就像大海，我们就像海里的朵朵浪花；您就像蓝蓝的天空，我们就像天空中即将翱翔的乳雁。师爱如灯，您每天给我们带来的是光和热，是知识，是真理，您带走的是晶莹的汗珠，成摞的作业本和断不完的"班级矛盾"。老师，您是世界上唯——个，和他没有任何血缘关系，却为他的点滴进步而高兴和努力的人。我爱您，老师！您是我心里最伟大的人。

　　老师对我们的爱有严肃的，也有温暖的。

　　以前我写的字不漂亮，但自从上了三年级，我的字有了很大的进步，这都是老师的功劳。她很用心，孜孜不倦地教我们写好字，几乎到了废寝忘食的地步。记得有一次，我的作业写得不够认真，笔画歪歪扭扭。老师就很严肃地批评了我，并且把我不标准的笔画一笔一画地教我写下来，那一笔一画里蕴含着老师对我的殷切期望。老师常对我们说："字如其人，字是一个人的脸面，写一手好字，将受益终生。"我下定决心要好好练字，不辜负老师的一片苦心。这就是老师对我严肃的爱！

最让我感动的是，老师不是妈妈却胜似妈妈一样爱我。有一天，我大病初愈，中午吃饭时，看着饭菜一点儿食欲也没有。这时，老师给我端来一碗粥，还特意给我加了红糖，她用慈祥的手抚摸着我的头，温柔地说："老师知道，你生病了胃不舒服，要吃点儿易消化的东西，老师这碗粥你把它喝下去，病很快就会好的！"顿时，我的心里有一股暖流淌过，仿佛肚子也不那么难受了。我觉得这是我喝过的最好喝的稀饭啦，因为这里有老师温暖的爱。

老师为了我们这些幼苗的苗壮成长，付出了太多太多的爱，说也说不完，道也道不尽，但我会努力学习，好好报答爱我的老师！

趣说童年

夏雨童

童年的趣事，好似一颗颗耀眼的珍珠在我脑海里闪耀着。其中最耀眼的，最明亮的，要数那两颗。

那是我读三年级时的一个周末，我和两个很要好的朋友一起出去玩耍。我们一起去小湖边，小湖的中间有一条小土道，只有不到一米宽。这条道是乡亲们为了方便通往另一边去而修建的。我们跑到小道上，扒开稍微有点儿泛黄的芦苇，哇，好多小蝌蚪呀！圆圆的脑袋，后面还跟着一个小尾巴，好似书法家笔下的小逗号，可爱极了！

我们把它们捧在手里玩，爱不释手。这时，我的伙伴小镇说："这些小蝌蚪长大了会变青蛙。"我顿时放开了它，你们不要以为我是爱护青蛙，我那个时候还不知道青蛙是有益的呢！我只是从小就非常害怕青蛙。

这条小路通往邻村刚铺好的一条柏油马路，那时候中午只有我们不怕热的孩子才会出来玩。这是太阳最热的时候，太阳光把马路晒得暖暖的，我们在马路上翻跟头，马路边有许多种植蔬菜水果的大棚，我们都没有去过大棚里。因为大人们总是告诉我们不要去那里，因此，这个大棚在我们心里蒙上了一层神秘的面纱，大棚里面到底是什么样的呢？

大我们一岁的真真胆子大，提议我们今天中午去里面看看，我们有些犹豫。真真见我们不敢去，又补上了一句："反正大中午的又没有人。"对！我们小心翼翼地打开大棚的门，看见了一个个又大又圆的西瓜，顿时"馋虫"被勾出来了。无奈抱不起来，刚想走的时候，一个老爷爷拿着铁锹走过来，我们正好被发现了。于是，我们就跟在他自行车后面灰头土脸地去找家长。自然，少不了爸爸妈妈对我们的一顿"教育"。

童年时代，幼稚的我做了许多有趣的错事，但正是因为有了这些错事，才让我的童年充满了无穷的快乐，在我五彩斑斓的童年生活中，这些事成了一朵朵绚丽的浪花，让我难以忘怀。

这 就 是 我

李天佑

都说我长着一张大众脸，圆圆的脸上嵌着一双不大但炯炯有神的眼睛。眼睛下面是塌得几乎贴到脸上的鼻子，鼻子下面是我那张能说会道的嘴，它时常能帮助我给大家带来欢乐！

我虽然相貌一般，但是我的性格却和很多与我同龄的孩子大不一样。我留着平头（原来是毛刺，被老师勒令剪掉了，说我不符合学生形象），我的爱好和性格也和众多男生一样，我爱好体育，篮球和乒乓球是我的最爱。我喜欢做事利索，一本正经，有始有终，不喜欢拖泥带水，磨磨蹭蹭的。这也许算是我的优点吧！我非常活泼、开朗，喜欢笑，也爱逗别人笑。

记得有一次，我们班举行主题班队会，第一个节目就是我的。于是，我和几位同学说了一个相声，当我说到最好笑的时候，就连我自己也笑得讲不出话来了。同学和老师看到我这副模样，也跟着哈哈大笑起来，有的抱着肚子捧腹大笑，有的笑得前仰后合，所以，同学们都亲切地叫我"开心果"。

没有一个人是完美的，当然我也有许多缺点。但其中最"致命"的还是我非常马虎。这个缺点已经伴随了我六年了，我真的很想改掉它。可是，我怎么努力也无济于事，总是在重要关头出现一些小错

阳光的味道

误。我真的希望我可以改掉这个缺点，还是那句老话：世上无难事，只怕有心人！我相信，总有一天我会用我的优点战胜我致命的缺点。

我喜欢做的事有很多，可我最喜欢的还是看书。所以，我的书架上摆满了书。什么作文啦、童话书啦、小说啦……我全都有。要是你给我一本好书，我就会"立刻加班"——马上津津有味地看起来。

你们认识我了吗？这就是我，一个相貌平平的我，一个爱笑的我，一个马虎的我，一个爱看书的我。

感 恩 父 母

李 祥

074

我生在一个贫苦的家庭，这里有我慈祥的妈妈，和蔼可亲的老爸。虽然生活比较清苦，但我一点儿也不抱怨，反而感到自豪，为我的父母感到骄傲。

爸爸是我们家里的顶梁柱，他给我们娘儿俩如山一般的爱。他整天不辞辛苦地埋头工作，从不在我面前流露抱怨的神色。去年暑假，老爸百忙中抽空陪我们去德州玩，刚刚玩了两三天，公司老板就把爸爸叫回去了，说什么工作需要他，没办法，他只好依依不舍地回去了。我爱您！老爸，为了让我考上好的大学，能够过上幸福的生活，您辛苦了。我一定不辜负您的期望，好好学习，以优异的成绩回报您。

妈妈是我们家的生活支撑，都说天下最伟大的爱是母爱，真的，母爱是无私的，只是慷慨付出，从不求回报。不是有人歌颂母爱吗——母亲是阳光雨露，母亲是空气甘泉，母亲是山川大地，母亲是生命之源。是啊，母爱就是这样伟大。

有一天，我去上学，看见别的同学都穿上了新衣服，非常羡慕，放了学就跟妈妈要那件早已相中的三百多块钱的小袄。但是碰了一鼻子灰，妈妈不同意。我赌气跑回自己的房间。可是朦胧中听到妈妈给爸爸打电话，知道了妈妈的苦衷。听到这些，我哭着从房间里跑出来，说："妈妈，我不要新衣服了，我可以穿原来的旧衣服。"妈妈也紧紧抱着我说："乖，等妈妈有钱了，一定给你买。快去睡吧。"

感恩父母，是你们给了我生命，是你们把我养大成人，我爱你们。

感 恩 母 亲

宫子涵

我是一棵小苗，母亲是一片天地，我依偎在母亲的怀抱里，尽情地享受着阳光的沐浴，茁壮成长。

三年级的那个暑假，妈妈给我报了补习班，我看妈妈每天接送我很辛苦，就说自己骑自行车去，妈妈禁不住我的软磨硬泡，终于同意了。准备走的时候，妈妈叫住我，给了我水杯，叮嘱我注意安全，我微微一愣，心中暖暖的。

路上，我开心极了，想起看过的一篇作文《和时间赛跑》，心想，反正现在也没事，和时间赛一下吧。说干就干，心里暗暗数着：三、二、一，开始！我骑车狂奔起来，像是正在追捕猎物的豹子。不留神，路中间一个小坑，车子一斜，我重重地摔在地上，脸上也划出了一道口子，不断地流着血。这时，我心中只有一个念头：回家找妈妈。我艰难地爬起来，一手推着车子，一手捂着伤口，刚想转弯走，妈妈来了。我又痛苦又激动，妈妈看到我的情形，也是泪眼婆娑，迅速带我去了医院。

出了手术室，迎面看到泪人一般的妈妈，见她哭，我也难过地流下眼泪，她赶紧对我说："不许哭，医生说了，发炎就不好了，还得重新缝合，咱俩现在谁都不许哭。"说完，对我笑了一下，我擦了擦眼泪，也笑了。

自此，我再骑车出去，妈妈总在后面跟出去好远。对于妈妈的付出，我深深地感到母爱的伟大。

妈妈，您为我整天地辛苦忙碌，两鬓生出了根根白发。等我长大了，一定好好孝顺您。现在的我只能用最大的努力，把成绩提高，给我最敬爱的母亲以回报。

鱼汤中的父爱

简易平

每当我吃鱼的时候，总会想起那段往事。

我家住在离早市特别近的地方。有一天，爸爸起来去早市，他看见早市上有卖鳕鱼的，便买了一些回来。回到家，爸爸在厨房忙了起来。我从睡梦中醒来，走到洗漱间正好碰见爸爸端着鱼从厨房走过来。

我闻着香气，也不管洗漱有多重要了，就坐在椅子上，等待爸爸那香喷喷的饭。不一会儿，饭菜便好了，爸爸给我盛了半碗米饭，接着又给我舀了半碗鱼汤，又用筷子给我夹了几块鱼肉，我望着鱼肉，口水都快要流下来了。

爸爸将碗放到我面前，我立刻狼吞虎咽地吃起来。爸爸在一旁给我挑鱼刺，以免鱼刺扎着我。鱼刺挑完了，爸爸把鱼给我吃了，可他却一块鱼肉也没有给自己夹。我从自己的碗里给爸爸夹了一块，爸爸好像看透了我的心思，用筷子夹了一点儿放到嘴里，说："不错。"

我在房间里写作业，忽然，感到口渴了，便起身去喝水，路过爸妈的房间，我听见爸妈在说话："今天，奴儿给我夹鱼肉了，看来她长大了。"爸爸说。"是啊，我上班回来，她知道给我拿鞋了。"

听着听着，我不禁热泪盈眶，我长大一定要好好孝敬他们，让他们过上好日子。

感恩老师

章晨曦

鲜花感谢雨露，因为雨露滋润它成长；苍鹰感谢天空，因为天空让它飞翔；高山感谢大地，因为大地让它高耸。我感谢我的老师，因为老师打开智慧的大门，让我在知识的海洋里遨游。在我的成长历程中，师爱一直伴随左右。

记得上小学的时候，我对学校的一切都感到陌生，由于这个原因，在课堂上即便是知道问题的答案，也总是不敢举手，老师也许感觉到了，向我投来鼓励的眼光，好似在说："别害怕，说错了也没有关系。"是老师温柔的目光，让我鼓起勇气，我立刻举起手来回答，虽然答得不是很理想，但是老师还是带着微笑表扬了我。正因为有了这一次，我增加了勇气，久而久之，我在课堂上养成了积极发言的好习惯。

当我遇到难题的时候，向老师请教时，老师总是乐意接受，耐心地跟我讲解题思路，一遍又一遍，不厌其烦。当我通过老师的讲解，把这道题做对时，老师的脸上露出了笑容。

当老师发现我生病时，老师一个劲儿地问我身体难不难受，要不要去医院，第二天，又问我身体好些了吗？老师对我生活无微不至的关怀如同春雨般滋润着我幼小的心田，让我感受到第二份亲情，我真想对老师说："老师，谢谢您！"

当我做错事时，老师并没有大声呵斥我，而是轻声地问清了事情的缘由，帮我排忧解难，我真感激老师啊！老师是非分明，从来都不会平白无故地批评人。

当我在期末考试中取得了好成绩，老师在班上表扬了我，还带头为我鼓起了掌。老师和同学们的掌声，使我在学习的道路上又增添了一份信心，让我明确了奋斗的目标。

五年了，在这五年里无论我遇到了什么困难，老师都会与我共同解决。老师为我付出得太多太多，深如大海，高如蓝天。老师，在我眼里是神奇的。我终于明白："春蚕到死丝方尽，蜡炬成灰泪始干"的道理。我是发自内心地感谢老师！感谢老师为我所做的一切！

将来无论我成为高耸的大树，还是低矮的灌木，我都将以生命的翠绿，向老师祝福。

阳光的味道

艾月松

昨天强冷空气来临，又降温了，上学时妈妈让我带了一个暖水袋，晚上休息前我从伙房里打了一壶热水，倒入了暖水袋，放入了冰冷的被窝中，一会儿我脱掉外衣钻了进去。呀！暖烘烘的真舒服。不知不觉地进入了甜蜜的梦乡。睡梦中好像觉得身下有些热乎乎湿漉漉的，不由得醒来，用手一摸湿了一大片。怎么回事，我急忙打开手电筒仔细查看，原来是暖水袋的塞子没有拧紧，水洒在被子上了。这可怎么办？怎么办？我辗转反侧总是睡不着，一是湿漉漉的特难受，二是想这可怎么办？明天拿出去晒晒吧，一定会让同学们笑话，何况我还是个女孩子！他们会以为怎么这么大了还尿床呢？真想哭声来，但为了不惊动同学们，只好忍住了。不知不觉中已到了起床时间，我无奈地起来，把被子散放在了床上，我想这样会散去一部分水分，晚上睡觉会好受些。

一天的学习我也安不下心来，总想着那湿漉漉的被子怎么睡，好不容易挨到下了晚自习，我刚想去宿舍，班主任把我叫到了她办公室，我正纳闷，老师开口了，"你的被窝怎么弄湿了？"我不好意思地把经过说了一遍，老师关心地拍了拍我的肩头，笑了笑说："不用担心了，我已经把你的被子在我的后院晒好了，行了，回去睡觉吧。

记住可要用心学习哟。"听完老师的话，我的眼睛湿润了，强忍着跑回宿舍。心里那种激动和感激久久不能平静。轻快地跃上了自己的床铺，伸开被老师叠得整整齐齐的被窝，脱掉外衣钻了进去。呀，又暗又暖太舒服了。

细细的一嗅，那阳光的味道是那样的芬芳诱人。一直浸入我的心里。哦，是我敬爱的老师带给我阳光的味道，闻着这舒服的味道，我甜甜地进入了梦乡。

师 生 情

霍家琪

080

还记得吗？生平第一次走进学堂，是谁在欢迎我们，是谁手把手地教我们写字，是谁不厌其烦地教我们语文，教我们数学……是老师啊！

古语曰："一日为师，终生为父。"父母给予了我生命，而老师却会教我们如何把人生过得更好。我们要像爱戴自己的父母一样爱戴自己的老师。我们就像刚绽开的花朵一样，需要大自然和大地母亲的保护，这样才能茁长成长。老师就像那辛勤的园丁一样，鞠躬尽瘁，呵护着我们。

刚进入这所学校时，感到很陌生，渐渐地熟悉了。那是有老师们的鼓励和关怀，让我们有勇气在这陌生的学校里继续学习下去。当我们在学习上跌倒时，是谁让你从原地爬起来啊？当我们在生活上遇到困难时，是谁帮助了你？当我们被别人欺负时，是谁在关心你？是老师啊！

每天晚上，我们在宿舍里甜美地睡着，而老师在台灯下为我们批改作业。汗水从老师的额头上滴下来。我们的老师顾不上擦汗，仍为我们批改作业。

在小学的生涯中，我曾对每个老师送上一句话，那就是："祝老师身体健康，青春永驻。"曾经我把老师当作自己的母亲，上课认真听讲，下课和老师一起玩。晚上，当老师为我们批改作业时，我们会为老师献上一朵玫瑰花，希望老师像玫瑰花一样美丽。

我上辅导班时，我遇到了一位比我大十岁的老师，我认为她就像我的好朋友一样，上课和我们一起写字，一起读书。下课就和我们一起做游戏，每次回家时，老师都会嘱咐我们"路上小心"，我们也对老师说："老师再见。"

有一次，我做游戏时，不小心跌倒了，把手心蹭了一下，出了许多血。我哭了起来，老师见了我手上的血，怕我的手感染了，便把自己的衣服披在我身上，抱着我到了医院，擦了点儿酒精，我有点儿小感冒。老师对我说："不要怕，打上点滴一会儿就好了。"我对老师说："谢谢您，老师。"老师笑了笑。早晨，还下着淅淅沥沥的小雨，我醒来之后，发现老师不见了，有点儿着急，便大声叫老师，嗓子差点儿喊破了。一会儿，老师进来了，拿着一个袋子，袋子里盛着稀饭。我意想不到，这么冷的天，老师就穿了一件很单薄的衣服。我问老师："老师您冷吗？"老师笑着说："不冷。"刚说完这句话，老师就倒在了地上。我下床赶紧把医生叫来，医生一量体温，升到了四十度，医生赶紧给老师输上了液。当时，我忍不住了，眼泪掉了下来，老师不顾自己的身体安危，把我送到了医院。

复习班结束了，每次我走过这个复习班时，回忆起当时的情景，都会情不自禁地流下眼泪。

又见花开

金淑萍

082

天空澄澈得如湖水一般，略带着几分安详，仿佛正在沉睡。擦肩而过的岁月，融化成记忆的点滴，恍然，又见窗前花开。

一簇簇绽放着的樱花，似乎映着你明净的微笑，我猛然一惊，掉落了手里的花瓣。你一脸忧伤，站在讲台上，许久未说出一句话，教室里一片沉寂。我握紧了双拳，手心微微冒着汗，一如既往地在座位上望着你。终于，你从口中缓缓吐出："分班！"随后是一片哗然，你默不作声地走出教室，留给我一个离去的背影。

而今，你的笑，却在我心中久久荡漾。记忆止不住地后退到了我们相识的起点。那时，我刚上六年级，还是个不懂事的孩子，结识了严肃的你。你是班主任，我不得不听从你的教导。课堂上，急促的节奏，让我停滞不前，几次我呆呆地坐在座位上，不知所措。目光，让你我的眼神交集，你虽然表面严肃，但是目光却十分关切。课上，同学们都很活跃，纷纷举手回答你的提问。唯独我，终究未曾开口回答过一个问题，只是默默地拿起笔，记下你讲的一个个要点。课后，你不止一次地叫我出去谈话，总是鼓励我，希望我能够像其他同学一样，积极举手发言。

那次，还是你的课，还是你站在讲台上，上着生动的课，我不知为何，竟然举起了手，等待着你叫我起来回答问题。目光，让你我的眼神交集。你微笑着示意我，我迅速地站了起来用并不响的声音，准确地拼出微笑的英语单词。那节课，我异常活跃，一次次高高地举起手。或许是因为你的微笑温暖了我。

此后，我们之间，不仅仅是师生，更是朋友。我常想，我们之间的情谊，应该可以延续到毕业，可从未想过会变得如此短暂，然而正因为如此，才使记忆因温暖而恒久。

夜凉如水，唤醒了沉睡的记忆，那么清晰，犹如一旁的樱花，明净，心上的花，不知何时，也静静地盛放在朦胧的夜中。

回味有你的风景

郭雅琪

083

　　那一世，我转山转水转佛塔，不为修来世，只为途中与你相见。

——题记

从我第一次见到你时，你就用温柔的声音滋润着我，引领我走入文学的殿堂。那时我充满渴求知识的欲望，便总是痴痴地听你朗诵古诗，跟着你拜谒千年前的李白、杜甫，与李清照分担国破家亡的悲痛。"仰天大笑出门去，我辈岂是蓬蒿人。"你用洪亮的声音，读出了李白的自信。"朱门酒肉臭，路有冻死骨。"你义愤填膺地向我们讲述了晚唐的腐朽。"风住尘香花已尽，日晚倦梳头。"你的语气又变为凄凉，为我们镌刻出一个身陷国破家亡之中，命运多舛的李清照。不必说这些优美的诗词，单是你那富有感染力的声音，便把懵懂的我唤醒。你就是这样，才华横溢，端庄典雅，充满热情。

还记得你为我们讲述海明威时引用到"一个人不是为失败而生的，一个人可以被毁灭，但不可以被打败"。那坚定的声音，至今还在我耳边荡漾。还记得那些缤纷的日子里，你的语言，你的行为，你的思想都感染了我。你读乔叶的《另一种珍爱》后，对我们说："只有爱自己，才能爱这个世界。"让我明白了人首先要自重。你说不要让我们的青春白白溜走。在花样年华中，我们要努力拼搏，为未来的自己争取光明，这就是自爱。你在朗诵臧克家的《那些人》："有的人活着，他已经死了；有的人死了，他还活着。"告诉我们要发挥自己的价值，爱身边的每一个人。我看着你，看着每一个瑰丽绝伦的文字从你的双唇滑出。

084

冬去春来，岁月如梭，桃花绽放，雪花纷飞，转瞬间，我们已走过两年。两年的光阴如同一壶酒——似苦，似辣，抑或是甜，斟在琉璃盏里，便是浓浓的回忆。

你爱笑，你的笑是一抹晴朗的天空，你的笑似蜻蜓点水般轻盈，你的笑容是我生命途中最美的点缀。

我循着空气中的那一尾暗香，撑一杆碧色，踏一叶扁舟，在一朵又一朵的荷花中涉水而来，在人间花影中，与美，与我亲爱的老师，盈盈相遇。

与书为伴

王淑畅

书，像一盏永不熄灭的明灯，在召唤你，指引你。一个懂得生活真谛的人，一定是个精神上的富有者，他会选择与书为伴。因为只有书籍才是我们最好的朋友。一本好书给人一种美的享受，更给人一种精神上的满足。

有人曾问我为什么对读书这么痴迷，我苦苦寻觅，终于在莎士比亚的一句话中找到了答案——生活里没有书籍，就好像没有阳光；智慧里没有书籍，就好像鸟儿没有翅膀。我要让读书成为一种习惯，让习惯成为自然。

书籍不仅给我快乐，而且还让我从中认识了复杂的世界，找到了知心的朋友，树立了不断前进的榜样。与书为伴，我的知识丰富了；与书为伴，我的视野开阔了；与书为伴，我的意志坚强了；与书为伴，我的能力提高了；与书为伴……

书是逆境中的慰藉，书房是文人精神的巢穴，世界上最壮丽的宫殿是藏书最多的图书馆。读书就像迎着朝阳走路，最淡的墨水也能胜过最强的记忆，精神能补充物质的不足，读书能填补灵魂的缺失。

是书籍，给了我精神的食粮；是书籍，指给我人生道路的方向；是书籍，伴随我健康成长！

让我们走进书的世界，与书为友，与书相伴吧！

我和书的故事

李瑞琪

杜甫曾说过："读书破万卷，下笔如有神。"书就好像是我的一位朋友，一位亲人，也像是我迷失方向的指南针，一个多姿多彩的世界。书让我学到了知识，让我的视野变得更加开阔，还让我感受到了许多的快乐，让我懂得了许多的道理。

每次我回到家里，写完作业就开始读书，我还不时催妈妈给我买书，只要一有时间我就看书，我有时实在没书看了，还会借阅同学们的书看。因此，我的作文回回得优。

小时候，我就爱看书，就爱问一些稀奇古怪的问题："为什么冬天看不到燕子呢？为什么小猫会有尾巴呢？"爸爸妈妈被问得不知如何是好，爸爸说，去看书吧，从书中你可以找到答案，还可以获得许多知识。我起初有许多的字不认识，后来我慢慢地学会用字典查字，我认识的字越来越多。我记得第一次看的是《安徒生童话》这本书，书里丑小鸭的悲惨遭遇让我泪流如注，也让我明白了只要坚持，有信心，有追求，就会实现自己的梦想。《海的女儿》又让我见证了什么是执着的爱情。

书，为我展开一幅幅美丽的画卷，带我领略大自然的鬼斧神工；书，为我讲述了一个个有趣的故事，启迪我做人的道理；书，为我展现中国悠久的历史，灿烂的文化，激发了我为祖国富强而不懈努力的壮志。

我爱书，它是我的良师益友，我会一直爱护它、阅读它、品味它。

我渐渐地和书融为一体，和书中的主人公共悲伤，共欢乐，我爱读书。

《草房子》读后感

王思琴

寒假期间，我读了《草房子》这本书，故事中的温幼菊老师给我留下了深刻的印象，她为身患不治之症的桑桑点燃了对生活的热爱，就像一只燃烧着对生活、生命热爱之光的蜡烛，它的火光点亮了一只几乎熄灭了的蜡烛，这便是在传递着"为别人点亮对生活的热爱"的精神。

我记得曾经有一个类似的故事，那是美国著名作家、教育家、慈善家、社会活动家海伦·凯勒的故事。她在十九个月时因患猩红热而被夺去视力和听力。享年八十八岁，却有八十七年生活在无光、无声、无语的世界里。但她并没有自暴自弃，丧失生活的信心，因为她遇到了她的恩师——她的家庭教师安妮·莎莉文。她首先了解了海伦的脾气，然后教会她认字，让她能与别人沟通，再教导她一些生字的意思，点燃她对生命的热爱，对生活的渴望。

这些故事给了我很大的启发，试想一下，假如你的一个朋友也失去了对生活的热爱，你会怎么做？我们是否也可以为别人点亮对生活的热爱呢？不需要花太多的精力，太多的财物，太多的时间，只要把自己对生活、生命的热爱之光分给别人一点儿，我们的圈子就会越来越大，热爱生活与生命的人也会越来越多。有一天，你会突然发现，原来自己当初只在那个小小的黑暗世界里埋怨、悲伤、痛苦，却没有发现外面的这个大世界是多么美好！

往往当我们失去对生活、生命的热爱时，我们会抱怨命运的不公平或是沉浸在自己漫无边际的悲伤与痛苦之中，却没有想过要为自己，为别人，为值得努力奋斗的目标活下去。正因为如此，像温幼菊老师那样的，愿意把自己对生活和生命的热爱之光，分给别人一点儿的热心人出现了，他们在传递着"为别人点亮对生活的热爱"的精神。我们也应该加入到这个行列当中来，为身边的人燃起一颗炙热的爱心！

如果有一天你的身边有了一个像桑桑、史铁生当初那样失望、绝望的人，你会怎么做？是当一个旁观者还是做一个温幼菊老师那样的人？现在还不知道，但我们会从心里默默地尊敬那些曾经给予别人光芒的人。

西游精神伴我成长

王　淼

《西游记》是我国四大名著之一，是一部老少皆宜的作品。其中充满了离奇、精彩的神话故事，每每读起《西游记》，我总是会情不

自禁地融入那精彩的情节之中。

记得小时候，常问妈妈，"我是从哪里来的？"妈妈总是笑一笑，摸摸我的头，说："你啊，是从石头里蹦出来的。"我想，大概每个孩子都得到过这样的答案。就好像我们每个人都是孙悟空。

爸爸妈妈说回想他们小时候，捧着一本《西游记》的连环画，津津有味地看着，当孙悟空打败了妖精，他们也会为他欢呼；当他受到了冤屈，他们也会感受到一种深刻的共鸣。现在，我总能守在电视机前，聚精会神地看着《西游记》，在学校宽敞明亮的阅览室里津津有味地读着《西游记》。当孙悟空被唐僧误会，被逼回花果山，继续当他的齐天大圣，当唐僧遇到危险，猪八戒赶到花果山向孙悟空求救时，他又毅然去救唐僧，每当看到此片段时，我的眼中便充满泪水。因为我知道，当时的我就是孙悟空。

这只活蹦乱跳的小猴子就好像是我们的化身。当他从石头里蹦出来的时候，就象征着一个小生命的诞生。当他在花果山上无忧无虑地和群猴们玩耍时，就好似我们那无忧无虑的童年生活，多姿多彩。当孙悟空大闹天宫时，就好似一个调皮的孩子，不小心跑进了大人们的世界，并且搞得一团糟。大人们想哄住他，便封了他个弼马温；没哄住，又封了个齐天大圣；还是没有哄住。而后如来出现了，伸出他的飞掌将孙悟空束缚在五指山下。严慈的父亲，终于压服了他调皮的儿子。度过了漫漫的五百年后，观世音的出现给了孙悟空新的希望，踏上了漫漫西天取经之路，也踏上了漫长的人生之路。唐僧师徒四人在前往西天取经的路上，共遇到了九九八十一道难关。这就好像我们成长道路上布满荆棘。最终，他们战胜了难关，取得了胜利。"功夫不负有心人"这句话用在他们身上是再恰当不过。而我们，只要有不怕困难，坚持到底的决心，也会取得最终的成功。

由此，我想到了我们的学习。学习就好像是要去取得真经。在学校里，有着形形色色的人。有的像猪八戒，好吃懒做，做任何事情都马马虎虎；有的则像沙僧，诚恳老实，踏踏实实；有的像孙悟空，活灵活现，足智多谋。而唐僧则是心地善良，不愿气馁的人。若我们在学习上能个个都是唐僧、孙悟空、沙僧，有对学习的信念，那一定会取得成功。

随着年龄的增长，《西游记》带给我们的不再是对神话的幻想，它令我善良，宽容，疾恶如仇，有面对困难的勇气。

萝 卜 蹲

李顺达

090

"哈哈哈，哈哈哈！"咦？这是哪里传来的笑声，原来是五年一班正在玩蹲坑比赛。

看！"西瓜""火龙果""黄瓜""香蕉""苹果"一一上场了，老师一声令下，"西瓜"就开始蹲了，只见他边蹲边说："西瓜蹲，西瓜蹲，西瓜蹲完香蕉蹲！"然后香蕉开始蹲，我们屏住呼吸集中注意力看着香蕉蹲，突然大家乐了，乐得前俯后仰，这是为什么呢？原来，香蕉的参赛者是我们班乃至全校最胖的小胖子，比我们班最瘦的胖了两三圈，他因为太胖蹲不下，动作做得不规范，没站稳，一个趔趄倒了，被淘汰掉了。

比赛进入白热化，赛场上还剩下三个人，"水果们"越蹲越累，可他们的热情却越来越高涨，都抱着必胜的信心拼搏，而"可恶"的老师似乎并不满意，还一直在加人，而且还给他们换名字，

弄得"水果们"不知所措，老师竟然加入了"蝴蝶""老鼠""羽毛球""西红柿炒鸡蛋"等名字，果然，很快就有很多人被淘汰下去了！

最后，老师给场上仅剩的两个人起了非常奇特的名字，分别是"四喜丸子"和"红烧狮子头"，先是"四喜丸子"蹲，只听她"四喜丸子蹲，四喜丸子蹲，四喜丸子蹲完…… 嗯……"接着就是一阵哄堂大笑，原来是她忘掉对手的名字了，冠军就这样产生了，她就是我们班的张正阳同学，她手里拿着老师奖给的阿尔卑斯棒棒糖高高兴兴地回去了，我们只能"望梅止渴"了。

我对自己没有参加这次蹲坑比赛而感到惋惜。我喜欢这次比赛，真希望多进行这样的比赛，以后我一定踊跃参加。

数 数 字

钟 泽

今天上课的时候，老师带我们做了一个名叫"数数字"的游戏。我一听游戏的名字，顿时眉开眼笑，不就是数数字吗？别说我们六年级，就连一年级的小同学也会数呀！但是这个游戏的规则一下子给我来了个"下马威"：如数到的数字中含有七或七的倍数，就要把手举起来。五个人一组，计时三分钟。哪组数的数多，错误少，哪组就获胜。天哪！好难啊！光含有七的数或七的倍数就有七、十四、十七、二十一、二十七……数都数不清。而且还要几个人相互配合，更是难上加难。

　　游戏开始了，我被分在第二组。唉！本来这个游戏就有很大的难度，我这个组还有两个"淘气包"！这下取胜没有多大的希望了，还是先看第一组的比赛吧。只见第一组的队员个个都握紧了拳头，生怕说错了数。我的心也随着握紧的拳头跳得越来越快，聚精会神地看着比赛。很快，三分钟过去了，第一组的同学结束了比赛。他们数了九十四个数，出现了七个错误。我真担心自己这组不能超越他们。

　　轮到我们这组了。我不停地给自己打气，下定决心要超过第一组。计时开始了，我们这组的同学流利地说着数字，做着动作。我的手心紧张得出了汗，脑子里飞快地想着说哪些数时应该举手，说哪些数时不应该举手。可是随着数字越来越大，我们的速度不得不慢下来，准确率也有些下降。这时，有一个同学说出了一百一十二，可他竟没有举手。要知道一百一十二除以七等于十六！不过还好，由于这个数字实在太大了，老师和第一组的同学都没有发现。我松了一口气，这下总算瞒天过海了！

092

　　三分钟的时间过得异常地快，我们结束了比赛。我们以一百四十三个数和错误五个的成绩大胜第一组！我激动得差点儿热泪盈眶，脸上不禁露出微笑。

　　通过这个游戏，我的计算能力不仅提高了，反应也更快了，还学会了相互配合。真是收获颇丰啊！

有趣的游戏

黄彦龙

今天，我们玩了一个游戏，名叫木头人。

游戏规则是：口令完毕后，要立即静下来无论原来是什么姿势都必须保持不动。如果有人忍不住说话或者笑、行动，则是游戏的失败者，要惩罚他为大家表演一个节目后再开始下一轮游戏。

"要做这个游戏，首先要演好木头人，开动脑筋想想看，你准备摆个什么可爱有趣的姿势演木头人？"老师说。我们很快就想好了。老师一声令下，教室里静得出奇，仿佛连一根针掉在地上的声音都能听得见，同学们就像被定住似的，如果现在你走进教室，会以为进了机器人展览馆，只见班上的同学有的双手伸出两根手指竖在头顶，像一只小兔子；有的双手托着下巴，像一朵美丽的花。还有的抢起拳头，像是要和人比试。而我双手手心朝前，像个投降的小兵。老师告诉我们要坚持十五秒，我想：别说十五秒，就是十五分钟我也能坚持得下来。过了一会儿，我才听见老师在说："5、4、3。5、2。7、2。1、1。1、1，停！"我们没等老师说完就都坐了下来，还笑了起来。唉，短短的十五秒原来这么漫长啊！

老师笑眯眯地说："大家演木头人演得这么好，如果有人来逗你们，你们还能忍得住吗？不如我们请个逗笑人来PK木头人吧！"老师请我当木头人，朱亚维当逗笑人，一场好戏就要开演了。随着老师的一声令下，我立刻双手托着下巴，定住不动了，朱亚维一边用手贴在脸颊扇动着，一边伸出舌头，眼皮往上翻，把人吓死了，可我一点儿没动。她一计不成又生一计，对我说笑话，可我还是纹丝不动。这下同学们可急了，让朱亚维跳舞，但她自有主张，学起海豚叫，但依然没用。她又学小狗叫，这下我可受不了了，连肩膀都发麻了，忍不住动了起来。三分钟没到，朱亚维已胜出了。

　　游戏在欢呼声中结束了，通过这个游戏，我明白了一个道理：只有动脑筋，才能成功，朱亚维不是靠智慧才把我逗笑的吗？

年轮的色彩

秋天是金色的。稻谷、玉米成熟了，一片金黄。丰收的季节来到了，沉甸甸的麦穗、稻谷压弯了腰。一阵秋风吹来，起伏的稻浪好像波涛汹涌的大海，不停地传来"海水翻腾"的波涛声，农民伯伯跳着丰收的舞蹈，沉浸在喜悦中。

钓　　鱼

石荣坤

一看见"成功"这两个字，我的情绪立刻就飞扬起来。"成功"已成了我动力的源泉。只要一想到它，我就感觉有一种神秘的力量在支撑着我。

那天，我和几个朋友去附近的鱼池钓鱼，这是我第一次钓鱼。我们把鱼钩用力甩到池塘中间，等待鱼儿上钩。可等了约莫半个小时了，鱼儿还是不上钩，我有点儿不耐烦了：是不是鱼儿已经咬钩了？想到这里，我便把鱼钩拽到岸上来。啊，原来鱼食被鱼吃了，鱼儿真狡猾，把鱼食吃了，也不吱一声。我又扎上鱼食，用力甩到水里。过了五六分钟，朋友小鹏钓上来了一条又长又胖的鲤鱼，小津也钓上了一条三四两的鲫鱼。看着他们小桶里活蹦乱跳的鱼，我的小桶里还是空空如也，我的脸上有点儿挂不住了。过一会儿就把鱼钩弄出水面看一下，可每次弄上来都没有鱼。朋友几次提醒我：要耐心等待，要看到鱼儿咬钩时才能提竿。我哪里听得进去，依然我行我素。朋友又陆续钓上来几条鱼，我不得不听他们的话，学他们的样子"耐心地等"，果然没几分钟，我就钓上来一条很大的鲤鱼，朋友很羡慕，见那条鲤鱼活泼地在我手中蹦，我高兴得一蹦三尺高，还大声地说："我成功了！我成功了！"

成功的滋味就是这样，它包含着喜悦、辛劳和等待。

我的课余生活

刘晓梦

我最喜欢的课余生活就是绘画，每天晚上只要一有时间，我就会画一幅画。今天晚上，我又画了一张叫《彩色的秋天》的画。画的上面有一片片金色的稻田，稻子在秋风中笑弯了腰；稻田的旁边是一座大大的果园，里面有涨红了脸的苹果，挂起金色灯笼的梨子，咧开珍珠大嘴的石榴，你瞧！它们都在朝着你欢笑呢！接着我画了一个美丽的公园，里面开满了芬芳迷人的菊花，有红的、黄的、紫的、雪白的……各种各样，竞相开着呢！它们真是千姿百态，让人感受到秋天迷人的气息。

在班上，我可是画小动物的高手哦！小朋友每次都争先恐后地冲向我，拼命地叫着："给我画一张，给我画一张！"忙得我不亦乐乎，让我从绘画中感受到无穷的快乐。

绘画让我的课余生活充满乐趣，让我每天都体会到无穷的快乐，我爱绘画！

乡村生活

刘昕珂

那里有清新的空气，那里有"天然的闹钟"，那里还有新鲜的瓜果……呵呵，不知各位猜出来了没有，没错，那就是农家！

清晨，小鸟和公鸡就开始"二重唱"了，唱的曲目就是"起床歌"。当两位歌手把"起床歌"唱完了之后，人们就起床了。吃完早饭，人们就开始了一天的工作。动物们也是。

中午，太阳火辣辣的，晒得厉害。人们都从农田和工地回到了家。他们和动物们一起"享用美食"，只不过，他们和动物吃的美食是不一样的。饭后，人们就倒头呼呼大睡；而动物却没有人那么"懒"！因为啊，它们的一部分"成员"还在努力"工作"呢！

傍晚，人们都陆续收工了，鸟儿们也归巢了，连在水里嬉戏的鱼儿也回家了。妇女们都在洗衣服做饭，从每家每户的烟囱里升起了缕缕炊烟，一派祥和的气氛。

晚上，全家人聚在一起，高兴地吃着晚餐。天边的红霞，向晚的微风，头上飞过的归巢的鸟儿……这一切，共同绘成了一幅自然、和谐的田园风景。

月明人静的夜里，纺织娘在唱着歌"织、织、织，织呀。织、织、织，织呀！"那歌声真好听，赛过催眠曲。世上的一切都睡着了，他们睡得很香，很香……

年轮的色彩

刘若彤

秋天是红色的。那一片片、一簇簇红叶看上去那么可爱，那么生机勃勃，就像夜晚的彩灯，闪烁着五光十色的光芒。啊！原来是一片火红的枫林。

秋天是金色的。稻谷、玉米成熟了，一片金黄。丰收的季节来到了，沉甸甸的麦穗、稻谷压弯了腰。一阵秋风吹来，起伏的稻浪好像波涛汹涌的大海，不停地传来"海水翻腾"的波涛声，农民伯伯跳着丰收的舞蹈，沉浸在喜悦中。

秋天是黄白相间的。公园里百花齐放，但最让人百看不厌的是千姿百态的白菊，一朵朵白菊白得让人赞不绝口。在远处一棵棵树上，一朵朵白中透黄的小花散发着一股清香，这就是百闻不厌的桂花。

秋天是蓝色的。绵绵的秋雨像一位姑娘在倾吐着自己的心事。雨过天晴，碧空如洗，蓝得使人心醉。一眼望去，一朵朵白云给天空洗了个澡。湖水映着蓝天也变成了蓝色。

秋天，树开始落叶了。枯黄的叶子落在地上慢慢堆成了一座座小山。踏上去软绵绵的。哦，秋天是黄色的。

面前，是一片大草地，小草已经枯黄，可其中却盛开着少许野花，那些野花亭亭玉立。

一大群穿着花花绿绿衣裳的孩子，围在那里欢快地唱歌，秋天是五颜六色的。

心灵启示录

——读《爱的教育》有感

杜佳丽

人生应该充满梦想，充满奇迹，不能因生活的平淡而磨灭激情，因岁月的流逝而褪去色彩。每个人都应该有一本自己的书，生命的感悟是生命永恒的主题。

岁月的年轮在时光大道上轻轻碾过，当发现自己不知不觉由幼稚迈向成熟的时候，在心路历程上留下了什么？

"时光如梭，疾驰而过，即将要走出这相伴六年的母校，心中总像有什么东西压着，好沉，好沉……"人生路上，千金难买的是朋友；青春年华，无限渴求的是友情。友情不像亲情，温暖一生；不像爱情，绚烂一时；但有时静下来问问自己的心灵，最需要的还是友情。

分手已不可避免，亚米契斯面对朝夕相处的同伴，面对已近在咫尺的离别，留下了满腹离愁。但我相信日后，这日记将陪伴她一生，日记中有花，有草，有欢笑，有泪水。更重要的是有同伴之间嘘寒问暖的关怀，热火朝天的劳动，真挚感人的情谊，还有那记录了他们点

点滴滴的母校……在漫长的岁月中，这本日记不知陪伴了多少孩子成长。但是，我知道这是一本永远不会老的书，因为亚米契斯用自己的情感凝聚成这名著佳作，成为千古绝唱！

我翻开昔日的日记，啊！我感受到了：朋友，是一种强心剂，鼓舞人心振作起来；朋友，是一面镜子，照出你错误的时刻提醒你；朋友，是一束鲜花，在你成功的时候说爱你，在你伤心的时候安慰你；朋友，是一座路标，指明你前进的航程。

回想起六年来我身边的那群人，曾有过似戴洛西那样，替我说明种种事，如长者般关心我的学哥学姐们；曾有过似卡隆那样给人以温暖、同情的朋友；曾有过像泼来可西和可莱蒂般，在困苦中不失勇气，劳作中不失和气的榜样似的朋友；曾有过洛佩谛那样，为了他人而甘愿牺牲自己，舍己为人的朋友；当然也有过充满嫉妒的华梯尼那样的人与匆兰谛那样不怎么惹人爱的同学。但是，把每个同学齐集起来，有优有缺，这才是一个完整的集体。

其实有许多事理不需要别人教，凭借自己纯洁剔透的心去权衡，有时朋友的一举一动就能教会你处世。即便往日的莫逆之交，如今成为各自营营为役的陌路人，即使他们的音容笑貌随着岁月的流逝在记忆中逐渐模糊，但一声真挚的问候，一句诚心的劝告，抑或是一段共同经历的风风雨雨，却怎么也无法从记忆中抹杀。

果戈理曾说："如果没有一位朋友可以分担你的欢乐和苦难，那么世上纵有珍奇异宝，又算得了什么呢？"是啊，纵观千古，一曲高山流水，也形容不了这友谊的真谛。也许，只有亲身体验过，真心对待过，才能别有一番滋味在心头吧！我经历过风风雨雨，也结识过不少朋友，但时间最长而且感情最真挚的却只有一人，那个人是我的知己，是她让我明白了：朋友是快乐时一同快乐，悲伤时一同难过，风雨中有你有我……一位圣贤也说过这样的话："纵然身无分文，愿交天下豪杰。"古人也有"酒逢知己千杯少，话不投机半句多"的佳

年轮的色彩

句。在这红尘凡世，有一位知心的朋友，是何等的福气！

千言万语汇成一句："人生得一知己，足矣！"

无价之宝

崔靖雪

钱，虽然可以买来很多东西，但是有个东西，钱是买不到的，倾家荡产也买不来，那就是亲情和友情！

在我二三年级时，发生了一件事，我现在还记忆犹新。

一次，上体育课时，老师让我们自由活动。因为当时我很淘气，很喜欢跑跳。我的好朋友——韩程程就和我一起边玩边跑，可谁知一块不起眼的小石头绊倒了我，我的腿摔坏了，出了很多血。韩程程急忙跑过来说："崔靖雪，你没事吧？痛不痛？"我眼泪汪汪地说："我没事的，不用担心。"韩程程是和我一起长大的朋友。所以她很了解我的性格。韩程程半信半疑地说："没事什么呀？你看看出了这么多血，能不疼吗？"我没忍住，痛哭了起来。韩程程很心疼我，她也哭了。便拿出了一块手绢儿，这块手绢儿，她很喜欢，是她妈妈送给她的生日礼物，平时她很珍惜。我还以为她要拿手绢儿擦眼泪，可是她却拿出手绢给我擦血。我当时很感动，她给我慢慢地擦着伤口。可能是怕我疼吧，这时她说："你不要害怕，也不要怕疼，有我在呢。"我感动地说："谢谢你！可这块手绢是你的生日礼物啊，你怎么给我擦血了呢？"韩程程不在乎地说："你是我永远的朋友，这块手绢虽然珍贵，可有你珍贵吗？"我当时就在想，以前我们俩总是吵架，每次都是她和我说"对不起"的。而这次她又把最喜欢的东西给了我。上哪儿能找到这样的好朋友啊！韩程程帮我止住了血，又找来了老师，老师把我送到了医务室。

这件事虽然是一件小事，但在我眼里就是一份珍贵的记忆。

现在韩程程转学了，但是我们还是好朋友。

韩程程——我永远的朋友，而那块手绢我一直留着，这块手绢就是我的"无价之宝"。

一件小事，却给了我一个感触；一个朋友，给了我一些快乐；一块手绢，给了我很多友情！

收 获 友 情

七月，透蓝的天空，太阳好像一个大火球，云彩也被太阳烤化了一样，消失得无影无踪。此刻，身着校服的我们正在进行一场激烈的斗争——八百米赛跑。

一圈，两圈，眼看着只剩下最后一圈时，我的额头上已经出现了密密麻麻的汗珠，双腿也像是灌了铅似的，眼前的景象变得模糊不清。只能眼睁睁地看着身边的同学一个个超过了我，却无能为力……

"翟乐乐，你这次测试又不及格，再这样下去，你怎么升级？"体育老师严厉地望着我，等到同学都走光后，我愣愣地望着空无一人的操场，终于忍不住低声哭泣起来，"天知道，我多想及格！可是，每次到最后关头，我总是坚持不下来。"我委屈地自言自语道。

这时，有人从身后拍了我一下，我泪眼蒙眬地抬起头，一看来人，却飞快地擦干了眼泪。起身就要离开，她却拦住我，不让我走，我生气地问道："你要干什么？"谁知，她却答道："当然是来帮你的。"我却诧异地说道："你会这么好心？"

我和她，从小到大都是竞争对手，各方面都与她不相上下，唯独体育方面落在了她后面。我们一直是死对头，这次她主动提出要帮我，我不免怀疑她"图谋不轨"。

她却也不答话，径直拉起我，在操场上跑了起来，一边跑着，一边说道："懒猪，再不锻炼就成肥猪了！"就这样，每天晚上，她都拉着我跑圈。再一次测验时，我的成绩可谓是突飞猛进，使老师对我刮目相看，而我却知道，这一切都要感谢她。

这天晚上，我们照例在操场上相聚，我也问出了积压在我心里很久的疑问："你为什么帮我？"谁知，她却一脸正义地说："助人为乐是一种美德。"她见我一脸不相信的表情，只好实话实说："从小到大，和你吵架都习惯了，如果没有你在我身边，我会觉得无聊的。"转眼间夜幕降临，我们互相依偎着坐在一起望着天空，点点的繁星好像颗颗明珠，镶嵌在天幕上，闪闪发光。

第二天，我们手挽手地走进了教室，同学却都狐疑地看着我们，奇怪地问道："你们不是水火不容吗？这又是咋回事啊？"

我们不由得相视一笑。

运动使我获得了朋友，收获了友情，在这个夏天，一个美丽的夜晚，我所看到的星星比任何时候的都要璀璨，好像一颗颗夺目的宝石，它们见证了我们的友谊，也见证了我们的成长。

友　情

姜　晨

　　在你的生活中，你有没有发现，当你失落的时候、难过的时候、遇到挫折的时候，总是有那么一个人，在你的身边，默默地关心你，担心你，安慰你。那个人，就是一直支持你的人——你的好朋友。

　　朋友之间能患难相济，那才说得上是真正的友谊。你和你朋友之间是否这样？现在回想起来，真的好幸福。因为，和朋友在一起的时光，是多么美好，世界上用金钱买不到的是友谊，在人生中，能遇到一个最信任的朋友，是多么的不容易啊！

105

　　曾经的我，也有这么一位知己，她是我小时候的好朋友，可是，我们在一起的时光很少，在我十一岁的时候，听妈妈说，我要去珠海的学校读书，那时候，我以为她可以和我一起去，可是，当我到珠海的时候，妈妈却说：她不来了。那一刻，从小不爱哭的我，大哭了一场。

　　现在的我们，已经不知道对方在哪里。是啊，虽然我们很多年没见，但是我们还是很关心对方。几年后我回老家时，终于知道了她的联系方式，当我打电话给她时，我没想到，她第一个问我的问题就是：你好吗？多久不见，是不是觉得好孤独？没关系，就算我们不能见面，但是，我们还是像以前一样，关心对方，像我们老师说的：

年轮的色彩

海内存知己，天涯若比邻。这句话，就是我想对你说的。不管你在哪儿，都有关心你的好朋友。她讲这些话时，思念她的我，早已泪流满面……

我们互相知道联系方式后，差不多每天都打给对方。每一次，我有难过的事，遭遇挫折的时候，她就会在电话里对我说：不要难过，不要害怕。在这里，我要对她说，谢谢你，我的好朋友，我也永远支持你。

难买的是友谊，难忘的是友情。在茫茫人海中，能遇到一位知己，不是那么容易的，所以，让我们一起来珍惜友谊吧。朋友之间就算不能见面，但是，还是那么一句话：海内存知己，天涯若比邻。

剁椒鱼头

106

程子怡

一家人吃着饭，其乐融融。听爸妈聊着我与弟弟的未来。渐渐地，他们的语气加重，我有一种不好的预感，感觉"暴风雨"将要来临。果不其然，爸爸突然大怒，将筷子"啪"的一声摔在桌子上。妈妈也生气了，两个人吵了起来。

"他们俩的将来怎么办？"

"你做好你自己的事，这种事还早，不用你瞎操心！"

"……"

我当时不知在想什么，站在那一动不动，像个傻子一样。父母的

吵架声逐渐减弱，爸爸坐在椅子上，一声不吭。妈妈离开了家，两个人不欢而散。

中午，我摸着叫个不停的肚子，坐在门口，时不时朝外面瞧两下，看妈妈回来了没有。十一点，十一点半，一直等到十二点，她的影子没看到。我失望地准备起身，忽然听到急促的脚步声，是朝家的方向。

"妈，我都要饿死啦！"我捂着肚子，抱怨道。

她加快了去厨房的步伐，准备做饭。

爸爸随后也回家了，见我捂着肚子，很气愤："你妈呢？她想把你饿死吗？"

"你说什么呀！妈妈正在做饭呢！"这句话浇灭了爸爸头上即将燃起的火苗。

不一会儿，妈妈端来做好的饭菜。是剁椒鱼头！爸爸最爱吃的（以前爸爸在外出差，若不是为了庆祝什么，妈妈是不会拿出这道菜的），本以为妈妈这是原谅爸爸了，可妈妈没看爸爸一眼，一定是还在气头上。

"呦！怎么这么辣？"我放下夹了鱼肉的筷子。看着爸爸，他再次放下碗筷，出去了。

下午，妈妈将那剁椒鱼头加工了一下，这可是化解这场矛盾最后的机会了。

拿起筷子，将妈妈加工过的鱼肉放在嘴里，味道发生了翻天覆地的变化。回家的爸爸也又动起了筷子。等他尝完，妈妈注视了他好久。终于，爸爸明白了妈妈的心意，两个人重归于好。

其实，在那道菜里，妈妈还加了一种神秘的配料，是什么？是宽容。

假如我是妈妈

王尚琪

长大后我一定会成为一位妈妈。那时候，我希望会有一个小女儿。我想，我会成为一个合格的妈妈，我一定会换位思考，让她成为最快乐的女孩儿。

假如我是妈妈，我不会让她做完作业之后还去做很多东西，我会领她去看日落，看云海，领她去海边玩，去感受大海的气息。

假如我是妈妈，在周六、周日的时候，我不会让她去太多的补习班，但如果她喜欢，我也会支持她。在假期，我会领她出去玩，在玩中学到一些课外知识，去呼吸新鲜空气，去领略大自然的风光，亲近大自然。

假如我是妈妈，孩子如果考试考砸了，我不会讥笑她，我会告诉她，鼓励她："失败是成功之母，不要灰心，继续努力，争取下次考个好成绩。"当孩子考得好时，我会告诉她："不能骄傲自大，谦虚使人进步，骄傲使人落后。"

假如我是妈妈，我会让我的孩子学会独立，自己能做的事情自己做，我绝对不会帮助她。

假如我是妈妈，我会与我的孩子一起品尝成长之路上的酸、甜、苦、辣、咸，和孩子一起健康、快乐地成长。

唠叨是爱

简俊杰

　　父爱的表达方式各不相同，有些用默默支持传达他的爱，有些用唠叨传达他的爱，有些用鼓励来传达他的爱……而我的爸爸就是用唠叨的方式来传达他的爱。

　　这不，我还在睡梦中，突然听见一声："快起床了，太阳晒屁股了，马上迟到了！"于是，我从床上爬起来，穿好衣服后听见了几声唠叨："快去刷牙洗脸，洗完脸快去吃饭，吃完饭快去上学，不然会迟到的，迟到了会被老师批评的。"当我上学时又一声唠叨："上学时要注意安全，过马路要走斑马线，要遵守交通规则，别在路上玩，到了学校好好学习，长大以后才会有事业。"中午放学后一回家又听见了："怎么这么晚回家，教师没有布置作业吗？不可能，一定有数学作业，干吗不带回来做。"在吃饭时又说："快点儿吃饭，看看你才吃半碗饭，我连两碗都吃完了。"我下午去上学时又说："快点儿去，到了学校有时间就快点儿写作业，不然的话晚上又要写到很晚。"下午放学一到家，由于下午发了试卷，一拿到家，爸爸一看说："你看看这个地方，粗心大意，这个根本不应该错的，这个地方还不写单位，又扣了一分，这个本来一百分的卷才考了九十三分，实在是太不应该了！"我写作业时又说："快点儿写，写完了早点儿睡觉。"我写完作业后爸爸又开始唠叨："快去洗脸洗脚上床睡觉。"我都快听疯了。

日子像往日一样过去，我一天天地听着爸爸的唠叨声，开始埋怨这些烦人的唠叨，直到有一天，我才知道爸爸的唠叨是为我好。

那一天，爸爸很早就出去了。我一直睡到将近九点了才起来，连早饭都没有吃就去学校了。因为迟到在学校我被老师罚站在门口，老师当着全班同学的面严厉地批评了我一顿。到了家里，我很郁闷，作业连一个字也没动就开始看电视了，看到晚上十一二点钟才去睡觉。第二天早上上学时，我没交上作业，又被老师严厉地批评了一顿。这时我才发现，没有爸爸的唠叨是不行的。

渐渐地，我长大了，发现爸爸之所以唠叨全是爱的体现啊！我一定要记住一句话：父母所欲为者，我继述之；父母所重念者，我亲厚之。

110

孝

张飞扬

自古以来，孝是中华民族的传统美德。孝，犹如一颗明亮璀璨的珍珠。它努力地散发着自己的光芒，但有些人不懂得孝为何意，还恬不知耻地破坏中国的这一美德。作为一位中华儿女，我们应该孝敬父母。

在书上看到过这样两幅漫画，第一幅：一个家庭，生活过得很拮据，勉强度日，基本能填饱孩子的肚子。这天妈妈做了一条小鱼，她想到孩子肯定吃不饱。于是，就把鱼肉都夹给了孩子，她自己吃鱼头和鱼尾。她看着孩子大口地吃着鱼肉，开心地露出幸福的笑脸，她笑着对儿子说："儿子呀！多吃点儿，妈妈不爱吃鱼肉。"儿子回答："妈妈，你要是喜欢吃鱼头和鱼尾，我以后都把鱼头和鱼尾留给你。"从此，儿子便一直记着这个习惯。第二幅：一转眼，二十年过去了。儿子已经长得人高马大，身着一身西装，满面春风地回家看望妈妈，却发现妈妈已经成了一位年迈的老人，他又和妈妈坐在一起吃饭时，还没等妈妈动筷，他就毫不犹豫地把鱼肉夹走了，妈妈立刻惊呆了，儿子说："妈妈，我知道你不喜欢吃鱼肉。"

这幅漫画讽刺了不懂得知恩图报、孝敬父母的人，伟大的孔子曾说过百事孝为先，如果你不孝敬父母，你就不会拥有一颗感恩的心，我们一定要孝敬父母。

这样的人，在生活中比比皆是，比如：一位母亲含辛茹苦地把自己的子女拉扯大，在子女们小时候母亲都非常疼爱他们，他们长大成人后都抢着让母亲去自己家，让母亲到自己家照顾孩子，洗衣服，做家务，有时母亲做不完家务，便不让她吃饭和睡觉，有时还对母亲施以家暴。儿媳妇更是可恶，儿子在家时，她表面对婆婆很好，不让婆婆干活。儿子不在家时，她便让婆婆干这干那，对婆婆的行为不满意时，便会大吼大叫，破口大骂。婆婆一直以"家和万事兴"的心态沉默着。或许是在想自己为什么会有这样的不孝子女吧，等母亲老后每家都很不想照顾母亲，想让母亲自生自灭，母亲衣衫褴褛，骨瘦如柴，面如土色，但儿女们还是我行我素地不管不顾自己的母亲，他们也太狠心了。

让我们一起孝敬父母，成为一位有爱心、孝心的人吧。

锦　鲤

徐晨罡

我家有一个水族缸，里面有黄金吊、小丑鱼、锦鲤……其中，我最看重的是老爷鱼——锦鲤。

锦鲤之所以叫作"老爷鱼"，是因为它十分高傲，好像世界上没有比它高傲的动物了，我就从它的吃相、睡相与泳姿说起吧！

它的长相像京剧里的旦角。它的嘴尖尖、长长的，像马的嘴。它的两只眼睛十分大，像两颗黑弹球。样子十分滑稽。

锦鲤的泳姿十分从容，大模大样的。别的鱼都十分怕它，就连平时十分凶猛的金透红见到它，都一点儿勇气也没了，拔"腿"就跑。锦鲤见到人一来，它总要把别的鱼赶得远远的，自己却在前面大模大样游着，炫耀自己的身体。

吃饭的时候，它一定独自享用。我们一天喂三次食。它的饭量很大，食欲也很好，别的鱼又不敢跟它抢食，所以只好吃它的剩饭。有时不够吃，也不敢跟它抢，只好饿着肚子，啃啃水藻。

锦鲤的洞穴十分豪华。它的洞穴一直没有别的鱼进来过，只有锦鲤可独自享用。它那严肃的面孔，加上它那高傲的泳姿，颇像水中司令。

它的睡姿也是相当讲究的，别的鱼平常都是没有床的，随遇而

安。而我们家的鱼老爷就不一样，它的睡姿与众不同。它有床，就是水草丛和旁边的两块石头组成的。每当睡觉时，它就会躺在水草上，整理一下舒适度，再呼呼大睡。

这样的生活，实在有些奢侈。但是自从有了锦鲤，我就喜欢上了这条霸气十足的"老爷鱼"。

可爱的小狗

崔　晓

如果你问我最喜欢的小动物是什么？那我肯定会毫不犹豫地告诉你，我最喜欢的动物是小狗。

我家就有一条可爱的小狗，它叫旺旺。

我家小狗的毛是雪白雪白的，宛如雪落在了小狗的身上，漂亮极了！不给它洗澡它就会用眼睛望着我们，好像在说："小主人你真坏，你想让我变成一只小脏狗吗？"每当这时，我们便会开怀大笑，它又用不明白的眼神看着我们。它的眼睛水汪汪的，好像雨点掉进它的眼里似的；它长着长长的尾巴，假如街上尘土多，就可以用尾巴扫干净。

有一次，我吃饭时不小心把一块肉掉在地上，它见了，像箭一样飞过去，迅速地吃完了。这下它可不放过我了，用它尖尖的牙齿咬我的裤脚，这我可怎么吃饭呀？没办法只能再给它一块肉了，我放在地上，它津津有味地吃了起来，样子可爱极了。

每次我回到家后，小狗马上跑过来，在我跟前摇头摆尾，好像在欢迎我，又像是在说："主人你终于回来了，我想死你了。"看，很惹人喜爱吧。

我真喜欢这只可爱又顽皮的小狗！我相信你也很喜欢这只小狗吧！

小 猫 白 白

ljh903104

很多同学都喜欢忠诚的小狗，活泼的兔子，淘气的小鸭……可我却对小猫"情有独钟"。

我养小猫白白虽然只有短短的二十来天的时间，可小猫白白那聪明伶俐、活泼可爱的样子给我留下了深刻的印象，令我难以忘却。

爸爸告诉我，小猫白白在很小的时候就离开了妈妈，让我一定要照顾好它。小猫白白浑身雪白雪白的，像一个小雪球；一双水汪汪的大眼睛好奇地望着你。小爪子下的肉垫软绵绵的，摸起来舒服极了。

小猫白白刚来时很胆怯，总是窝在沙发的一角。他只要一听到人的脚步声，就会连忙跑到沙发底下一动不动地蹲着。我每一天都会和白白玩，不到一个星期的相处，白白不像刚来时那样胆小怕事了，变得活泼了许多。它一有空儿就在院子里乱跑。

渐渐地，我和白白变成了形影不离的好朋友，无论我干什么，它都陪我在一起。我做功课时，它在一旁趴着；我玩耍时，它和我一起玩；我睡觉时，它就睡在我的脚边……记得有一天，我到同学家去玩了，白白半天没看到我，急坏了。我一踏进家门，白白就扑过来，它抱着我的脚，拉都拉不开，我真后悔没带上它。

还有一次，我去外婆家住了几天，回来后，我第一件事就是去看我的白白。白白趴在沙发上，眼睛盯着地面，一眨也不眨。我叫了一声"白白"，白白吓了一跳，它看着我，许久才想起我是它的好朋友。我很奇怪：白白今天是怎么了？奶奶告诉我：这几天白白没有人陪着玩，一直很孤独，我一出现，白白肯定反应不过来。此时，我真想向白白道歉。

二十来天的时间过得飞快，我马上就要跟妈妈回城市里去了。我跟着妈妈走向车站，白白跟着我走了好久才停下脚步，并发出"喵喵"的叫声，好像在说："再见，我会想念你的，祝你一路平安。"那时，我真想带上白白。

现在我已经很久没有看到白白了，不知道它还认不认得我，我真希望早点儿看到它。

小猫白白，我宠物世界的好朋友。

荷　之　韵

胡智星

现在已经是七月了，正是荷花盛开的季节，爸爸开车带着我们一起去罗坊镇新湖村看荷花。

新湖村的人们在碧绿的水面上修建了一座蜿蜒的石桥。走在石桥

年轮的色彩

上，观赏着朵朵亭亭玉立、娇美的荷花，一朵朵清香怡人的荷花是那么有韵味，一片片花瓣围着黄色的小莲蓬，井井有条地生长着。

荷花有全白的，白得如雪，有粉色的，粉得温柔，还有粉中透红的，如同小姑娘红扑扑的脸蛋，美丽极了。

一阵微风吹来，荷叶、荷花，还有小莲蓬都发出咯吱的声响，好像在热烈地欢迎游客们的到来。深绿色的荷叶下面连着一根带刺的茎，就像一把把碧绿的小伞为鱼儿遮风挡雨。

太阳刚刚从东方升起，晶莹剔透的露珠"滴溜溜"地在荷叶上滚来滚去，在晨曦的照耀下显得格外光彩夺目。

荷花上一只只蝴蝶翩翩起舞，似乎在和花儿比美。小蜜蜂"嗡嗡嗡"的，就像新湖村的人们在辛勤地劳作。

在新绿的荷叶衬托下，鲜艳的荷花显得格外引人注目，此时我不禁想起了南宋诗人杨万里的七言绝句："接天莲叶无穷碧，映日荷花别样红。"用它来赞美这里的一片片荷塘一点儿都不为过。

娇荷啊娇荷，你美丽的外表和出淤泥而不染的品格为世人称颂。

116

纯洁的味道

李宇轩

"予独爱莲之出淤泥而不染，濯清涟而不妖。"说的是荷花；"接天莲叶无穷碧，映日荷花别样红。"说的也是荷花；"田田八九叶，散点绿池初。嫩碧才平水，圆阴已蔽鱼。浮萍遮不合，弱荇绕

犹疏。 半在春波底，芳心卷未舒。"说的还是荷花。人们喜爱荷花，歌唱荷花，不但是荷花的曼妙身姿、幽幽的芬芳，更是她出淤泥而不染的高贵品格让世人敬佩和深深地推崇。

我爱荷花，爱它纯洁自然，淡雅清香。

在烈日炎炎的夏天，许多植物都热得低下了头，只有荷花依然亭亭玉立地在池塘里绽放。大朵的荷花白的似雪，粉的似霞，白的纯洁，粉的迷人。荷花的茎并不粗壮，却坚强地支撑着荷叶和荷花。一阵风吹过，池塘里的荷花轻轻地晃了晃，仿佛一位位美丽的少女翩翩起舞，漂亮极了！

我爱荷花，爱它的全身皆宝，默默无闻。

荷花不仅美丽，还有很多用处。漂亮的花瓣能让人赏心悦目，花瓣中心的莲子可以入药；粗大的莲藕可以用来制作各种美味佳肴；碧绿的荷叶可以包东西，又是清热解毒的药材。

我爱荷花，爱它的高洁忠贞，与世无争。

周敦颐在《爱莲说》中写道：予独爱莲之出淤泥而不染，濯清涟而不妖，中通外直，不蔓不枝，香远益清，亭亭净植，可远观而不可亵玩焉。虽然长在污浊的淤泥之中，却如此纯洁忠贞。就好像很多身处环境不好的人，能够在简陋的条件下坚定目标、努力奋斗。这便是我喜爱荷花的原因。

我喜爱荷花！喜欢它那亭亭玉立的姿态，喜欢它默默无闻地为人类奉献它的一切，更喜欢它那高洁的品格！

117

水乡魂魄

李柯汶

一个小姑娘，家住在水乡，身穿粉红袄，坐在绿船上。猜猜她是哪位花仙子呢？对了，她就是洁身自好的荷花。

在杭州西湖，有数不完的荷花，有白的、粉的、红的。她的花瓣大，茎粗，从远处看像一个娇滴滴的小姑娘。还有那绿船似的荷叶终生为她护航。初夏，千顷碧波间，荷叶田田，如浮水碧玉，新荷艳艳，风送花香。盛夏，百里荷花，无际荷荡，流光溢彩。秋末，她渐渐地泛黄，但仍微带余香。这时，莲蓬与秋菱便使人体会到丰收的喜悦。

荷花又叫莲花、芙蓉等，被人们雅称"碧波仙子、风露佳人"。荷花的栽培品种很多，依用途不同可以分为藕莲、花莲和子莲三大类。一般供我们观赏的是花莲，因为她适应性极强，治理较为粗放简便，适应大小水景布置，适合家养。而子莲和藕莲却不同。顾名思义，一个产莲子，一个产莲藕。她们虽然畏寒冷，却不畏酷暑。

在炎炎夏日，许多名花异卉都垂头丧气地弯着腰，可她却不一样。在烈日下，她那碧绿的荷叶在风中摇摆，她亭亭玉立的花朵迎着初升的太阳绽放，时而有阵阵幽香拂面而来，使人心旷神怡。

荷花不像我们想象中那么娇嫩，不要忘了她的另一个名字——活化石。大约一亿五千万年前，地球被海洋、湖泊与沼泽覆盖着，只有少部分植物种子能存活下去。而她顽强地与沼泽做斗争，最终取得胜利。当人类出现，为了生存，采集野果食用。荷花因为其莲子与藕甘甜清香，有营养，不久便被纳入菜谱。就这样，她成了生命的象征。有人说，荷花全身无一不可入药。她的叶能解暑清热；梗能通气宽胸；瓣能治暑烦渴；莲子可以健脾止泻……荷花真是天然补品！

当然，这天然补品可不是随处可得的。荷花在中国有至少七千年栽培历史，一般开花期为六月至八月。不过一定要管好害虫的嘴，不然要享受大自然的结晶，想都别想！

朋友们，在六月至八月去杭州西湖找她吧！去感受大自然的奉献吧！要是你能数出来一共有多少朵，说不定下一届吉尼斯纪录名单上就有你的名字了哟！

荷　花

张平蓉

当我起床准备开门时，就听见清晨在敲门，并且小声说："快起床啊！新的一天在等你呢！"

走在路上，路旁葱葱郁郁的花草树木，蝉儿在唱着歌，好像在夸赞自己的季节。踏进公园的大门，一阵清香扑鼻而来，顺着香味我来到了荷花池。映入眼帘的是一片翠绿……

静静的湖面上，布满了翠色欲滴的荷叶，像是放满了密密麻麻的翡翠伞似的，把湖面遮得严严实实的。荷叶茎的上侧是很嫩的绿叶，那荷叶有的像一把把张开的绿伞，有的像一个个大圆盘。"大圆盘"上一颗颗晶莹透亮的露珠在滚来滚去。荷叶都这么美丽，更别说是"冰清玉洁"的荷花了！

葱葱郁郁的荷叶中冒出了许多仙女般的荷花。有的荷花全都展开了，有的只展开了两三片花瓣，有的还是含苞欲放。有的低着头，像一个个羞答答的小姑娘；有的昂首挺胸，像一个个傲气的小公主；有的懒懒地靠在荷叶上，像是刚睡醒的小宝宝……这么多的荷花真是千姿百态啊！一阵风吹来，翠绿的荷叶中，亭亭玉立的荷花像一个个穿着雪白衣裳在湖上翩翩起舞的仙女，那么清秀、雅洁、沁人心脾。

我再也抵挡不住荷花的"诱惑"了，忍不住想要摘一朵。我伸出手，刚想摘……

一位爷爷走过来说："小朋友，这可不行啊！"我恋恋不舍地缩回了手，说："为什么？"

"荷花虽然很美，但是它们是大家的。大家都要来欣赏，不能摘掉。"

我又问："我摘一朵也不会影响大家欣赏。而且荷花又没什么用！"

"可不能这么说。"爷爷耐心地给我讲了起来，"荷花相传是王母娘娘身边的一个美貌侍女——玉姬的化身。当初玉姬看见人间双双对对，男耕女织，十分羡慕，因此动了凡心，在河神女儿的陪伴下偷偷地跑出天宫，来到杭州的西子湖畔。西湖秀丽的风光使玉姬流连忘返，忘情地在湖中嬉戏，到天亮也舍不得离开。王母娘娘知道后将玉姬打入湖中，并让她'待在淤泥中，永世不得再登南天'。从此，天宫少了一位美貌的侍女，而人间多了一种玉肌水灵的鲜花。"

我惊讶地说："原来荷花的来历是这样的，我都不知道！"

爷爷笑着说："呵呵，不止这些，荷花还能食药两用呢！荷叶能

清暑解热；莲梗能通气宽胸；莲瓣能治暑热烦渴；莲子能健脾止泻；莲心能清火安神；莲房能消淤止血；藕节还有解酒毒的功用。还能做成奶油炸荷花、莲子汤等美食。你还想摘荷花吗？"

我摸着头，不好意思地说："嘻嘻，荷花还有这么多作用啊！"

回去后，我上网、查阅书籍，对荷花又有了更多的了解。荷花，我爱你！

人间真情

蒯晶茹

我非常爱看书，趁这个双休日，一定要去图书馆大饱眼福一番。晌午，妈妈送我去图书馆的路上，我心情煞是愉快。到了，我挥手与妈妈告别，迈着轻盈的步伐走向少儿部。啊，天不助我呀，大门上清晰地写着"今日关门，请大家谅解"。我回眸望了望停车处，哪里还有车影呀。顿时，我的步伐一下子变得沉重起来，只好无助地四处张望。

这时，一位清洁工奶奶慢慢地走向我，我心中甚喜，但又转念一想：我与她素不相识，不能和陌生人说话。我警惕地向后退了退，就想着伺机逃跑，但她仍然笑容可掬，朝我走了过来。一声亲切的话语在耳边响起："小姑娘，图书馆关门了，你妈妈又开车回家了，你不妨向过路的人借个电话。"霎时间，心底似乎被某种东西给触动了，一股暖流流遍了全身。我打量着这位奶奶，她那双清澈的眼睛，清如泉水，静若深潭。"来！"突然，无限的遐想被打断了，只见奶奶向我伸出手，"奶奶帮你借！"看着她为我到处借手机的情景，我的眼睛湿润了，透过水雾，我看见了人性的光芒。一位叔叔忙不迭地掏出手机递给我，我道了谢，打给妈妈，妈妈说五分钟就到。同时，我用余光看见了奶奶笑容满面的样子，心中荡起阵阵涟漪，感动不已。

叔叔接过手机，匆匆离去。此时，奶奶慈爱地望着我，说："下次再遇到这类事，要聪明一点儿哦！"我的眼泪夺眶而出，感激地点了点头。好一位善良的奶奶呀！微风掀动着她衣服的一角，轻抚着她那张写满了岁月沧桑的脸庞，不时地，几缕白发随风飞扬，我的心"咯噔"了一下。这时妈妈的车来了，我笑着与她告别，她佝偻着腰，笑着目送我，泪水蒙眬了我的双眼，也润湿了我的心扉。下雨了，绵绵细雨像扯不完的情丝，在人间真情中极不情愿地降落。

时光如白驹过隙，弹指一挥间，几个年头就随着岁月的流逝匆匆而去。我想寻找那位奶奶，她向我传递了真情，以后的日子，我将会把这份真情传递给更多人，让更多人懂得爱，懂得付出爱。可是哪里找得到，那里早已物是人非，只留下我满腹的遗憾和深深的感动……

人间充满真情味

高恩婷

在我的记忆中，有许许多多令我难以忘怀的事。这件事就像天上最亮的小星星，我想摘下来讲给你听。

　　那是一个风和日丽的上午，我正在上课，突然天气来了个大转变，屋外乌云密布，不一会儿就大雨倾盆。

　　老师一看天不好就提前让我们放学了，可是，我在学校门口左等右等爸爸还没有来，我的肚子却咕咕叫了起来，时间老人走得飞快。心里便不由自主地埋怨道："这都到饭点了，爸爸怎么还没来，都快饿死我了。"我向对面望去，原来是一家小饭店，门外的招牌已经模糊不清了，但是，店面朴素，让人有一种温馨的感觉。店老板是一位好心的阿姨，那位好心的阿姨看见我一个人站在校门口，温柔地问："你怎么不回家呢？是不是家长没来接呀？肚子饿不饿呀？到店里来吃碗面吧！"我对她笑了笑说："谢谢你，不用了。"那位阿姨说："不吃饭怎么行呢？"她说着就端来一碗面，我不好意思推辞就收下了。我吃完面，爸爸就来了。爸爸说："车子在路上坏了，修了好大一会儿车子。"爸爸得知我在那位店老板那里吃了面，便向那个店老板连声道谢并付了面钱，店老板说了一声不客气，之后我和爸爸就走了。

　　其实人间充满了爱，只要你细心发现，就能体会出来。正如一首歌唱的那样："只要人人都献出一点爱，世界都变得美好……"如果每个人都像店阿姨那样有一颗善良的心，那么世界会变得更加和谐、美好！

真情换真心

李思涵

在我们的生活中，发生过许多事，有开心的，有难过的，也有难忘的。

那天上午，我和妈妈去逛商场，在进商场之前，我看到一群人正围着一个老奶奶，我便去看了一眼，问他们怎么回事？他们说："这个老奶奶走着走着绊倒了。"我想：不如我把她扶起来吧，不过，她要是说我把她推倒了，那该怎么办？我非常纠结。

过了一会儿，我就和妈妈到商场里去了，我边走边想：我这样做是不是错了？我问妈妈："妈妈，如果你见到一个老奶奶摔倒了，你会怎么办呢？"妈妈说："我当然会去把老奶奶扶起来啊！""您不怕那个老奶奶说是您把她推倒的吗？""当然不怕，我相信每个人的心灵都是纯洁的，她不会因为一些小利而去骗别人的，更何况她是一个老人。"我想：也许老奶奶生病了呢！然后，我向妈妈要了几百元钱，就赶快去找老奶奶了。

我到那里时老奶奶还在那里坐着，我赶快把她扶起来，然后把她送到医院，医生给老人看了一下，并开了药。我想去付费，可老奶奶却阻止了我，说："孩子，你把我扶起来我已经很感谢了，你再给我付医药费，那我不就成了没有羞耻之心的人了！"我听后十分感动。

突然耳边响起："只要人人都献出一点爱，世界将会变成美好的人间……"

知 心 朋 友

方雅琪

我和杜雅菲是在四年级认识的，五年级才成为朋友，但是那个时候我还没有真心把她当作好朋友，自从发生那件事后，我就开始把杜雅菲当成我的知心朋友了。

一次语文考试的前一天晚上，我熬夜复习语文，到了第二天语文考试，我把精力全都放到了考试上，不过到了最后交卷的时候，我心里才是最不安稳的时候。

过了几天，老师将试卷批完了，到最后老师念到了我的名字，但老师并没有将我的分数念出来，而是说了一句："考得不是特别理想。"我听到老师这样说，彻底崩溃了，就像心里下起了大雨。下了课，我趴在座位上痛哭起来，杜雅菲过来面带笑容地安慰我，我心里很不舒服，就冲着她叫，我说："考试考差了的不是你，是我，你当然不知道我的痛苦了，当你考差了的时候，我嬉皮笑脸地来安慰你，你心里会舒服吗？"我也没听杜雅菲的解释就不理她了。

到了上第二节课的时候，我还一副心不在焉的样子，根本没有把心思放在上课上。老师发现我走神了，随后就让我回答她刚才问的问题，我支支吾吾根本答不上来，老师说："走神了，把精力放在学习上，把不好的事情都抛到脑后，认真听课，坐下吧。"四十分钟的课什么都没有听进去。下课了，杜雅菲又来安慰我，我心想：她这次再来安慰我，应该是真诚的了。我就对杜雅菲说："谢谢。我原谅你了，你也原谅我吧。"我和杜雅菲开心地笑了。

这使我知道了一个道理：日久见人心，不要处处提防着他人，要不然会找不到好朋友的。

那句话　那个人

　　光阴似箭，日月如梭，在生活中我一天天长大，经历了许多事，也从中感悟到了许多道理，一些童年趣事早已被我忘记，但那一次的失败却令我久久难以忘记，因为它给了我一个教训——让我懂得了谦虚的重要性。

那句话 那个人

吴紫凌

光阴似箭，日月如梭，在生活中我一天天长大，经历了许多事，也从中感悟到了许多道理，一些童年趣事早已被我忘记，但那一次的失败却令我久久难以忘记，因为它给了我一个教训——让我懂得了谦虚的重要性。

那是个星期四的早晨，老师突然对我们说："今天我们将要进行数学考试，请大家做好准备，赶紧复习！"听到这个消息，同学们慌慌忙忙地把数学书拿出来，翻到学的那一页，就开始了复习。可我却无所事事地坐在那儿不动，后面的同学见我这样，就问我："你不复习吗？马上就要考试了，你不紧张呀？""紧张什么呀，不就是一个普通的数学考试吗，我轻易地就能拿到满分，复习什么呀？"我自信满满地回答着。

试卷一发下来，我立刻走马观花地看了一遍。呀！怎么办，都是书上的内容，可我怎么也想不起来了呀。"怎么办，怎么办？"我的心似乎要跳出来了，也没有想到答案。看着同学们都信心满满地握着笔开始了做题，我也不甘示弱，一个个题目仔细读清楚，看有没有会做的，老师讲后没忘的。按照这个方法，我也做了不少，这便让我的心情变得越来越好了。

"丁零零，下课的时间到了……""交卷子了，别做了！"老师喊着。这时，我的骄傲心理变强了，想："别人应该有没做完或不会做的吧，反正我做完了。"

第二天中午，谢老师抱着一摞厚厚的试卷走进教室。开始念分数了，我的心是如此急切又是如此高兴。

"黄明，九十六分……"终于到我了！"吴紫凌，八十二分！"什么，我简直不敢相信自己的耳朵，我竟然考这么低的分数，这是从来没有的呀，今天怎么……我走回座位，将卷子翻来覆去、十分仔细地检查着，生怕漏了什么。我检查了一遍又一遍，看着卷子上这红红的八十二分，我十分后悔。这红红的八十二分像一个警钟，似乎在提醒我：看到了吧，这就是你不复习，骄傲自满的后果。我惭愧地低下了头。心里暗暗地想："是啊，谦虚使人进步，骄傲使人落后。以后我一定要先有准备，不能骄傲、盲目地去行动，这样才能考出好成绩。"

"谦虚使人进步，骄傲使人落后"这句话让我懂得了谦虚的重要性，它同时也成了我的座右铭。

那一次，我懂得了谦虚！

129

我懂得了诚实

程耀晖

在我成长的过程中发生了许多事情，就像大树上一片又一片的叶

那句话 那个人

子，让我回味无穷，深深地烙在脑海中。

记得那是一次五年级期中数学考试。数学老师把试卷发下来，我心想，我一定要认真做题，争取考满分。我就开始做起了题。前面的题很简单，我很快就做完了。我做着做着碰到了一个很难的判断题，我绞尽脑汁地想了好久也没想出结果来。我看实在做不出来，就先做后面的题。过了一会儿，后面的题我也做完了，又反过头来做这道题。只听见老师说："交试卷啦。"我就匆匆忙忙随便打了个对号，交了卷。下了课，同学们都讨论这道判断题，老师给我们说了答案，应该打错号，又给我们讲了一遍。老师讲完后，我们都明白啦。我心想，完啦，这个题我写错啦，这次考不了满分啦。都怪我自己粗心。

第二天，试卷发下来了，我竟考了满分，我心想，怎么回事，我不是错了一个题吗，怎么还考了满分。我仔细看了看，心里一阵高兴。我自言自语道："这真是天上掉馅饼啊。老师竟没有看出这道题错了，太好了，我考了满分。"中午在回家的路上，我对自己说："为什么考了满分还不高兴？"我自问自答："毕竟这不是我的真实成绩。"我有了向老师承认错误，把分数改过来的想法。下午，我来到学校，不是先去的教室，而是直接走向办公室，向老师一五一十地说明了事实。老师就把分数改成了九十九，接着老师又微笑着说："你真是个诚实的孩子，你很棒。"我如释重负，心里像喝了蜜一样，甜甜地笑了。虽然我没有考满分，但这是我的真实成绩。

这件事之后我明白了：诚实比满分更重要，从今以后，我要做一个诚实的孩子。

人生需要进取

仲乐乐

蛹因为进取，才会蜕壳而出，化成翩翩飞舞的蝴蝶；苗因为进取，才能在岩石缝中扎根，开出艳丽的花朵；鹭因为进取，才有飞越太平洋的毅力，最终拥有一个幸福的家庭。万物都是因为进取，才创造了欣欣向荣的美好世界。

时光如飞梭，现代社会已经是一个高科技、高信息的社会，每时每刻都处于瞬息万变的状态。唯有进取，不断追求，才能在这个社会上立于不败之地。

罗兰说过，人不可以一直沉浸在对过去的留恋中，否则就会对现实失去进取心。

但现代的富裕生活已经充斥了我们狭隘的脑际，每天所谓的享乐、金钱围着我们转圈。于是，我们就逐渐被这些过眼云烟所淹没，不思进取，沉浸在花花世界里。人生的旅程，如果缺少了进取心，即便拥有亿万财富，但生活放纵、醉生梦死也是空。

人生，没有了进取，就如行尸走肉，渐渐会被奢华所吞噬；人生，没有了进取，就如没有了灵魂的躯壳，思想已经一去不复返；人生，没有了进取，就如停滞不前的时钟，永远也不能找到正确的终点。我们若只留恋过去的美景，或只陶醉于现实的风光，就永远不可能到达彼岸的天堂。假如我们一直停留在山脚下而不肯攀爬，那么"会当凌绝顶，一览众山小"的激荡豪情从何而来？

古人云：逝者如斯。我们面临的是接踵而来的新挑战，进取，是我们生活的亮点。

海尔公司曾经是面临破产的冰箱厂，但自从现在的海尔董事长张瑞敏走马上任后，便提出："有缺陷的产品就是废品。"于是带头亲自砸烂了七十六台有质量缺陷的冰箱。如今，在海尔科技馆里的那把"闻名遐迩"的大铁锤，向人们诉说着质量与品牌的故事。而更重要的就是张瑞敏的进取精神——"每天比昨天做得更好"，才造就了今天国内外皆知的跨国大集团——海尔集团。

进取，就意味着不断地努力、奋斗；奋斗，则意味着会拥有灿烂的明天。强烈的进取心使我们不甘心每天颓废下去，强烈的进取心鼓励我们勇敢长征；强烈的进取心使我们洒下无怨无悔的血与泪！

人生，需要进取。让我们用进取的笔墨，书写生命辉煌的诗篇。

生活给我启示

闻　乐

生活中，启示无处不在，也许是满树的春红，也许是寂寞的梧桐。生活总是在完美中留下空白，在心灵中留下启示。

茶 的 启 示

　　我到桂林去游玩，在南溪山公园里，我们一行人进了一个卖茶的小店，店主邀我们去品茶，左折右转，终于到了"听雨轩"，里面坐着一位老人，他一边冲茶一边为我们介绍道："茶，生长在幽谷阴坡之上，汲取日月之精华，天地之灵气，浸润和风细雨的轻柔，氤氲着山岚野露的清幽，而后细采茶叶，慢慢地手工卷制……"也许是被他的介绍打动，我迫不及待地买了一袋茶叶。晚上，新月如钩，几丝茶叶，一注热水，缓缓地泡出。一个人细细地品味舌间的恬淡，隐隐感觉那一抹幽香融了月色山情，汇入一片思绪的空白。

　　在这片清幽中，我感到，做人如品茶，用游丝般的幽香，给生活更多的空间，更多的空白，方可恬淡自如，从容不迫。

画 的 启 示

　　一朵小花，毕加索不但画出它清晰的脉络，更仔细地画出它的硬度、阴影。凡·高则是用大块大块的颜色去描绘那些生死之谜。外国的画家们，他们画得太完美了。

　　偶然的一次，我到一位叔叔家去玩，叔叔是一位对书画很有研究的人，我便问他中国画与外国画的区别。他说："外国的画家们画得太过'逼真'，而中国的画家们，喜欢在一卷长长的宣纸上，恣意地泼洒心中的墨，一片寂寥的空山，几片孤独的叶飞舞在大山的空白中，浑然天成。而这空白，这简单的形式便负起那些深邃的思想与情怀，犹如天马行空，隐隐约约，虚虚实实。"

　　听了叔叔的话，我想：有时空白隐匿于大千世界，而洞明世事的人，在于顿悟那一片空白。

人 的 启 示

佛家讲："一花一世界，一叶一菩提。"

"人如斯，若紧守一片心中的空白，生命便全然洒脱。"

这是我在寺庙里听到的话。

我喜欢佛的智慧，我发现：当我们在一片空白中独舞时，正悄然拥有一片完美的天地。

生活给我启示，不管是茶，是画，抑或是人，都应该留下一片空白，我将用它启示生活，我将在空白中拥有完美！

美丽的西山

134

朱 晨

一说到鄂州，人们都会不约而同地想起一个既美丽多姿，又雄伟壮观的景点——西山。西山到底有哪些美景呢？让我们一起去看看吧。

登高望远的武昌楼

走进吴王孙权的避暑宫，远远地看到最高的楼是武昌楼。

放眼望去，这里绿树成荫，花团锦簇。武昌楼矗立于椅子山山顶，摩云映日，巍峨秀挺，在绿树的衬托下，显得更加雄伟壮观。看到这样美丽的景象，你一定会身不由己地走向它，迫不及待地登上武昌楼顶。

极目远眺，鄂州黄州尽收眼底。万里长江，烟波浩渺，百舸争流，汽笛响过，山鸣谷应，给人一种天宽地阔、气势磅礴之感。顶楼楼门横额上飘逸遒劲的"武昌楼"三个大字，是中国当代文化大家郭沫若的手迹。放眼望去，远处的人如同一只只蚂蚁，川流不息的车辆仿佛一颗颗绿豆，连高楼大厦也显得格外渺小。

景色宜人的秀园

西山上最美丽的地方非秀园莫属。刚刚走进秀园大门，就会闻到一阵竹子的清香。竹子不愧是"花中四君子"之一，一株株翠竹高耸挺拔，顶天立地，不顾天气的炎热，雄赳赳气昂昂地挺立在秀园门口。清风吹过，竹枝摇曳，树影婆娑，发出阵阵悦耳的"沙沙"声，就像美妙的乐音盈盈飘来。走进竹林中，抬头仰望，翠绿的竹叶，清澈蔚蓝的天空，游着片片白云……令人心旷神怡，悠然自得。

秀园里最热闹的地方还是金鱼池那一块了。金鱼池里有许多可爱的小金鱼，引来无数游客驻足观赏。有的通体雪白，只有额头上有一块格外醒目的红斑；有的浑身金黄，仿佛一颗颗小星星；有的全身墨黑，摆动轻纱似的尾巴游来游去……

历史悠久的吴王试剑石

顺着幽静弯曲的林间小路，来到一处亭阁，旁边便是吴王试剑石。吴王试剑石有个美丽的传说：吴王孙权手持锋利宝剑，登鄂州西山对天祷告：若苍天有眼，愿成全我东吴大业，必将石头一分为二。

果然，巨石被劈为两半，一立一卧，卧的占三分之二，立的占三分之一。后人评断：孙、刘、曹只能三分天下，不能一统中原，此乃天意。这美丽的传说给吴王试剑石蒙上了一层神奇色彩。

幽静的古灵泉寺

你听，从古灵泉寺里传来一阵阵悠长的钟声。

在古灵泉寺门前，有一个大大的香炉，炉中青烟袅袅，走进寺庙，蒲团前，三五个和尚，打坐念经，手敲木鱼，构成了一幅和谐又安详的画面。大雄宝殿内，数十尊佛像有立有卧，栩栩如生。给游人"万籁此俱寂，但余钟磬音"的幽雅、静寂之感。

我爱美丽的西山，它一年四季美如画，它是鄂州璀璨无比的明珠。

136

心 的 归 宿

艾琳林

一句"桂林山水甲天下"，吸引了多少人来到这个人间仙境，我也成了其中的一个，在这绝美的天地间，领略这独有的风光。

此刻，我正坐在船上，望着座座山向后移动，看着涟漪缓缓荡漾，行驶在这无边的画卷中。

河的两边都是山，有的陡峭，有的平缓。这些山，虽没有华山的

高耸入云，没有金刀山的危峰奇耸，但却独有一股清秀、柔弱的美。这四周的山都并不高，并不险，也并非连绵起伏，甚至带给人一种奇峰突兀的独特感受。山山相靠，呈现出各种各样有趣的景象，人说桂林的山是"三分看，六分想象，一分原本"仔细看看这些石山，就能发现它们酷似各种各样的东西，著名的有老人守江、望夫石等等。

前方看似到了尽头，已是山穷水尽，船向右边一转，又是一片明朗。前方赫然是九马画山，传说看到了九匹马就能得以高中。我看到了十几匹，难道我是天才？不是，实际上那九匹马都是人们想象出来的，山壁上还有许多纹路，形似马匹的不在少数，一切的种种都是传说，可它却也是真实的，因为它带给了人们许多的快乐。

漓江是清澈的，也是动荡的。随着船的前行，水面会兴起一道或几道波纹，缓缓向前。桂林的精髓之一就在这里，它包含了太多人的赞叹和太多的美丽。水如镜面一般，倒映着江边的山。水上是山，水下也是山，好一幅迷离的山色。

桂林的山水并不是那么的难以形容，只是每个人看到她都会有不同的感受，季节、天气以及看的人的心情和心境都可以改变她的样子。她并非如长江三峡那般磅礴壮观，她带给我的是一种如羞涩女子般的秀雅。她美到让人毕生都难以忘怀。

不管是远看，近看；不管是看一个大的画面，还是一个极小的细节；不管是绵绵河水滔滔不绝地流动，还是水面上偶尔出现的旋涡，都给人一种美的感受。

这般的山，这般的水，这般的风景同时涌进我的眼、我的心，确实令人感到从未有过的心的宁静。在朦胧的薄雾中，不知藏着一个怎样的仙境，若隐若现。船上飘起小雨，细细的雨丝无声无息地落在地上。刺骨的寒风吹拂着我的脸庞，但我感觉到的却是温暖——心的温暖。

是的，对于每一个酷爱旅游的人来说，美丽的风景便是最好的心的滋养品，而这桂林，便是永远的令人向往的心的归宿。

家乡的山和水

凤　凰

　　我的家乡在凤凰山脚下。它的风光虽然比不上桂林、西湖那样美丽，街市也比不上北京、上海那样繁华。但是，潺潺的二道河水绕城而过，巍巍的凤凰山镇守着国门。漫山遍野的山楂、板栗、柞蚕吸引着八方的商贾。一代代莘莘学子展示着家乡的人杰地灵。

　　改革开放的大潮，使家乡正逢盛世之时，真是今非昔比。看，家乡的凤凰山是多么美丽！游人登临览胜形成名山，修筑庙宇，成为焚烧香火之地，明清时代文人墨客在大石崖上的题词镌刻，使凤凰山融自然美与人工美于一炉。凤凰山融合了泰山之雄伟，华山之险峻，峨眉山之秀美。游人进山一游便能体会"壑岩丹青千尺画，海云仙阁一溪诗"的胜境。

　　其实，凤凰山有许许多多的景点呢，比如：老牛背、箭眼、天下绝、神马峰、凤凰洞等景点。最为神奇独特的景点要数箭眼峰了。它为凤凰山第二高峰，海拔八百二十二米，与神马峰突兀相峙，两峰之间有一个很大的孔洞，高约五米，宽约四米，由数块巨石相拱而成，从山下遥遥望去，犹如巨箭所穿，故曰"箭眼"。

　　山上的枫叶被秋天的火焰染红了，远远望去，像天边的红霞，又像燃烧的火把。一阵清风吹来，红红的枫叶从树上飘下来，落在哗哗流淌的小溪上，像一只只小帆船在河水上行驶，越飘越远。溪边的野菊花散发着阵阵清香，使人好不惬意。可爱的小松鼠也特别忙碌，它们在林间跳来跳去，不停地采集野果，准备过冬的食物。

你知道吗？凤凰山不但山美，而且水好，比如：丹泉、八仙醉酒、观音点圣泉等。其中我最喜欢丹泉了。丹泉位于樱花溪沟口，三块岩石夹峙，中间开成一洞，里面宽敞若屋，泉水四溢，叮咚作响，故此洞又称"响水洞"。传说这是老君炼丹所用之水，故名"丹泉"。 丹泉四季不竭，水质清澈甘甜，含有多种矿物质，对人体颇有益处，虽非真能长生不老，但却能使人延年益寿。八仙在凤凰山醉酒之后，当地有人在山下酿酒，东家烧锅一直延续至今，就是现在的老窖酒厂，其酒醇香，现生产的"老窖酒"为辽宁省名酒，颇有名气。

怎么样，我家乡的山水不错吧，请到我的家乡来吧。是不是有些"早知凤凰山色美，何必千里去江南"的感慨呢？

衡山游记

林恒月

天亮了，我们坐上颠簸的汽车，伴着秀月与清风，上路了。坐在车上，我又接上了在酒店的那些关于衡山的梦……

车子愈来愈颠簸，我被惊醒了。突然，一座大山直指苍穹。母亲笑着说："离衡山还远着呢。"

终于到了，我梦中的天堂！

我站在山脚下向上仰望。突然，我迷茫了，面对这巨人一般的大山，我像宇宙中的一颗小得不能再小的尘粒。在衡山的脚下，我才感觉我是那么渺小。

开始爬山了。我们从山边的一条布满荆棘的小路上山了。小路边的树一棵棵直指苍天，鸟叫声、虫鸣声，还有不知道从哪儿传来的笛声，交融在一起，成为一首美妙的交响曲。那么动听，那么悠远。

走到半山腰，一棵迎客松映入眼帘，他像一位年迈的老人，拄着拐杖，向人们诉说着关于衡山的美丽传说……

终于到山顶了。我顾不上额头上豆大的汗珠，向崖边跑去。我眼前出现了一场精彩的魔术表演：天边的云彩像一匹奔腾的骏马，在天上奔跑着。一跃，又变成一棵细柳。一阵风吹过，"魔术表演"结束了。但我像走进了一幅巨大的画卷，找不到方向。山下的溪水潺潺地流向远方，山腰的树林被风吹得飒飒作响，从云层中穿出的阳光抚摸着古色古香的小镇。这幅画，我想，任由天底下任何画家也会望洋兴叹吧！

天色暗了下来，古镇上灯光点点，格外醒目。

上了车，向回家的方向驶去……衡山仍然像一位巨人，矗立在大地上。

衡山的美景真让我流连忘返。

家乡的路

范凤金

我的家乡在德州市陵城区边临镇。家乡近几年修了大宽马路，有三八路、东方红路、天衢路和纵一、纵二、纵三路。这三纵三横承载着乡亲们的欢声笑语，承载着乡亲们的富裕和幸福。

改革开放以来，家乡的面貌改变了，面对家乡的新面貌，最突出的变化就是家乡的路。

我听妈妈说，在妈妈小的时候，走的都是窄小的土路，宽度就只有一两米；刮风的时候，迷得眼睛看不清前面的路；下完雨后的路更是不好走，放学回家，泥巴沾满了鞋底，每走一步，都要付出艰辛的努力。

现在，许许多多的车辆如同跳动的"音符"在马路上川流不息。四通八达的马路给人们带来了便利的交通，带来了幸福的生活。政府也很重视绿化，在马路两旁种上了许多花草树木。春天到了，百花齐放，绿树成荫，给宽宽的马路增添了无限的光彩。

晚上，一排排明亮的路灯把马路照得更耀眼，更美丽。这时忙碌了一天的村民们，有的在街边散步、说笑；有的在马路边上跳舞；还有的唱歌，享受着幸福的生活。这条又宽又美的马路不断地在为人民造福，也不断地在为人民赢取财富，却不求回报。

　　"要想富，先修路"，家乡的三纵三横就是通向富裕的路，感谢党和政府为家乡修的路，让人们过上幸福的生活，我也要好好学习，将来成为祖国的栋梁，为建设自己的家乡添一分力量，把家乡建设得更美好！

故乡的红枫

张　清

　　每当深秋，我便想起故乡的红枫。

　　红枫树也叫枫香树，树身粗壮，高达数丈，像一位顶天立地的巨人，是故乡绿树中的佼佼者。

　　每年春风一吹，百花争妍，桃花浅笑，梨蕊含羞……枫香树呢？憨厚朴质，与世无争，只是小小的萌芽叶翠，不负春光。即使在酷热的夏日，枫香树也不像牡丹、月季那样，垂头丧气，无精打采，它照样履行着神圣的职责，高举着青枝绿叶组成的巨伞，阻挡炙人的阳光，将清风、凉意无私地奉献给树下来歇脚的人们。等到无情的秋风吹来，杨柳只好屈膝弯腰，任其摘枝剥叶。枫香树却傲骨铮铮，头不低，腰不弯，用深挚的感情，挥洒生命的血，满树枝叶像燃烧的火焰，像天边的晚霞，一片火红。寒冬降临，青竹被挤压在雪被中，弯着腰，自叹生不逢时，唯有枫香树高昂着身躯，迎风斗雪。茫茫雪原中，它威武不屈、顶天立地的雄姿，给故乡人民以昂扬向上、壮志凌云的精神力量。

听村里的老人说，村东山脚的枫香树下，曾经发生过一个惊天地、泣鬼神的壮烈故事。红军第五次反围剿失败后，反动派的军队疯狂地捉拿、屠杀红军战士和革命群众，我们村里有一位毕业于湖南一师的青年，他在学校里就参加了革命，毕业后，共产党派遣他回村发动和组织农民运动。后来，由于叛徒告密，不幸被当地的还乡团抓获，他受尽了惨无人道的酷刑，最后他被残杀在村东山脚的枫香树下，并被割下头颅，在水口寓游街示众。丝丝缕缕的鲜血，染红了树旁的青草和土地。说来也怪，那一年秋天，枫香树的叶子特别红，像一团团燃烧的火焰，点燃了村里的革命烈火，召唤人们继续战斗。

啊，故乡的红枫树，你顽强、执着地追求，你用碧血燃起覆盖大地的希望之火！

故　乡

安　源

143

不曾见过青山负雪，明烛天南的玉龙雪山；不曾见过戈壁铜铃，黄沙漫天的大漠；亦不曾见过篝火舞蹈，热情似火的新疆。不曾抱怨，不曾羡慕，因为我有着温柔似水，明丽的故乡。

一直记得有只瘦瘦的水鸟，它的眼睛又黑又亮，站在一片相思的水域里，清凉的河水漫过季节的河堤。

未曾道出的是对故乡的感谢。

爱的是故乡的水。无须刻意驻足，就早已染上了江南的缱绻。

那句话　那个人

清澈叮咚的河水像明丽的线条萦萦绕绕穿插在故乡的每一个角落。那架古老的水车安静地卧在水边，在如许的安静中静静诉说。小时候的我总会跳上去，飞快地踩着，于是老水车的每一个关节都在颤抖。吱呀吱呀仿佛低吟着一首歌谣。一股股的清水像是激情充沛的舌头，舔舐着田间的菜梗，沿着既定的水道充满着韵律与节奏。巨大的水车缓慢地转动着，清晰漫开的水纹将蓝天白云切割开，一轮一轮地刻进记忆。

爱的是故乡的茶，它带着熟悉的气息将我包围。虽不是什么名茶，到底是故乡的特产。这里的老人似乎都热衷于泡茶，也很讲究。从罐子里抖出几片晒干的茶叶放在青瓷杯中，冲入刚烧开的水。于是浅绿色的茶叶就在水里滴溜儿地打了一个转，晃晃悠悠地沉在了水底。盖上杯盖将水逼去，这便成了洗茶。第一遍的水是不能喝的，再将水倒入便好了。未曾说出的赞美便即刻融化在这茶香中。我不懂如何品茶，也不知茶的好坏，但我知道，爱这茶的情谊也便是这里的人对于故乡的一种依恋。

144

爱的是故乡的人。这里人的生活缓慢而质朴。当清晨第一道阳光划过天际，人们就已早起。搬柴，倒米，烧水，一气呵成。清粥小菜，外婆做的咸菜肉丝香气扑鼻，拌在饭里，真真是美味。不久，袅袅炊烟升起，将天空染成了一幅水墨画。我总爱站在窗边看着天边的鸿雁追逐着天光，一点点消失。路过的人不管是熟悉的还是陌生的，都可以向沿路人家讨杯水喝，人们有一搭没一搭地聊着，歇歇脚便走了，这也是他们住处相隔那么远也会识得对方的原因吧。偶尔回家，被左邻右舍的人抓着询问这儿那儿的。浓厚的人情味带着温馨与质朴穿插在每一刻的生活中。

故乡的气息好像融入我的骨髓，即使我已离家很远，但千山万水也阻隔不了故乡追随而来的目光。未曾说出的爱恋，未曾说出的感谢，我想故乡他懂，那就足够了。

童年的小河

相中秋

　　那年，我四岁。常常跟和我一般大小的几个哥哥、弟弟在家乡的沟里、坡上、洞里疯玩。最让我留恋的是村前的那条弯弯曲曲的小河。那条小河河面不宽却清澈无比，如一条长带伸向远方。河里的水草、小鱼和鹅卵石清晰可辨。只要是天气晴朗的日子，我就会央求哥哥们带我去河边抓小鱼、打水仗，在那里，曾经留下了我多少欢笑，也留下了我多少美好的回忆。

　　又是一个阳光洒满大地的日子，午睡起来，看看太阳尚高，爷爷奶奶都在忙着自己的事，便趁着他们不注意，偷偷地溜出了家门，直奔哥哥家去。我们很快约上了几人，便兴奋地一路小跑向着村头奔去。深一脚浅一脚洒下一路欢笑，终于来到了小河边，哥哥们边跑边挽起裤腿，扔掉鞋子，撒着欢扑向了小河的怀抱。我，毕竟是一个小女孩儿，那天穿的又是一双妈妈新做的鞋，小心地脱下，东找西找藏在了一片草丛中，便一步一步地向小河走去。河边的石子很硌脚，虽然很疼却还是抑制不住欢喜，在他们的一声声催促中迈进了河中，"哇——真爽！"，弯下腰掬起一捧清水洗去小脸上的灰尘，顺势便加入了他们的水战中，顿时，河上回荡起了一阵阵清脆的嬉笑声……

　　时间过得可真快，一会儿工夫，太阳西沉了，耳边依稀听见家人的呼唤声，几个人便急急忙忙结束了这场"战争"，向岸边走去。哥哥们依然是风风火火，很快上了岸穿上鞋就要走，可我却因脚硌得疼一步一步很小心地向岸边走去。上了岸，调皮的沙子把刚才还干干净净的小脚立即进行了全面包裹，看着一双脏兮兮的小脚，再看看那双崭新的鞋子，我只好转过身走到小河边伸出小脚认认真真地涮得干干净净，便又走向岸边。没想到，没走几步，又被讨厌的沙子弄脏了脚，只好又折回身子来到河边洗涮干净，可没走两步，又脏了，如此反复几次，哥哥们可是等急了，早已跑得不见了人影，此时的我只好站在原地"哇哇"大哭起来，那伤心委屈的样子现在想起来可真好笑。眼看天一点儿一点儿黑了下来，恐惧立时袭遍全身，一阵晚风吹过，刚刚被水打湿的衣服贴在了身上，浑身便因害怕和寒冷而颤抖起来……终于，不知等了多久，我听到了奶奶急切的呼喊声，一声紧似一声，这时，我才放开声音仰着脖子张大嘴巴可着嗓门撕心裂肺般痛哭起来，直到奶奶笑着抱起了我，嘴里叨叨着"傻丫头"，我才慢慢停下哽咽的哭泣声……

　　如今再一次回到老家时，再也见不到那条给我带来欢乐的小河，再也听不到让我难以忘怀的河水的畅流声，站在早已枯竭的河床边，儿时的欢笑仿佛还在耳边回响。听乡亲们说，明年就再也没有这个村庄了，村前的化肥厂收购了这片土地，将在这里扩厂建房，我儿时的记忆将永远刻在心里。

《白雪公主》续写

李夏爽

白雪公主和王子过上了幸福的生活，小矮人们也回到了自己的生活里。可是那恶毒的皇后由于魔法把自己的脸变丑，以前的脸蛋再也变不回来了。国王知道了皇后要杀白雪公主就把皇后赶出了王宫，皇后四处流浪。

她很惨，没有华丽的衣服穿，更没有多人的伺候，也没有丰盛的晚宴。她很生气，于是又起了坏心：白雪公主，你要是长得不漂亮，我也不会害你，也不会沦落到这种地步，我一定不让你过得比我好！

于是她故意爬着到了王子家门前，跪着大声喊："公主，美丽的公主，善良的公主，我好冷！也很饿，以前是我不好，嫉妒你的美貌，现在成了这个样子我也没希望了。请你收留我吧！我可以帮你干活，不要回报，我只想求你原谅我的过错！"白雪公主果然心软了。她带着皇后，来到一间屋子说："以后这就是你的屋子了！""谢谢，谢谢，你是最善良，最美丽的！"皇后表现得很开心，她天天给白雪公主擦桌子，拖地，洗衣服……

终于有一天，宫中的御医传来喜讯：公主怀孕了！宫中上下都很开心，可这让皇后逮着了机会。一天中午，公主渴了，皇后把水里下了堕胎药，公主喝了以后当天晚上就肚子疼了，这可把王子吓坏了。

医生断定是吃了堕胎药，可是谁会给公主吃药呢？公主突然想起那杯水来了！

最后恶毒的皇后被抓起来了，这次国王知道了皇后害了自己的孙女，他大怒，立刻命人把皇后的头砍了。在杀头的最后一刻，恶毒的皇后后悔了，但已经来不及了。

《穷人》续写

戈天也

"呵，原来你跟我想的一样啊！"渔夫的嘴角露出了难得的一笑，而后又消失在了消瘦的脸上，刚刚散去的阴云又聚在了渔夫的眉头。桑娜也叹了口气："唉……是啊，我们以后的日子就难过了，该怎么办呢？""又多了两个孩子，以后，我就得多打打鱼了。"渔夫拉上了帐子，沉默了片刻：唉，最近老天爷就是作怪，多打点儿鱼也难啊，该怎么办呢？"不如我也去找点儿事做……"桑娜好像看透了丈夫的心思。"你一个女人家的，能做些什么呢？"渔夫还是无奈地摇摇头。"我去帮别人补衣服啊，洗被子啊，也弄点儿钱来填饱肚子，总不能让你一个人来承担吧！"渔夫欣慰地笑笑，会意地点点头："那好吧，我们一起来维持这个家吧。"但渔夫还是不放心：妻子还要照顾几个孩子，如果去外面做事，会耽误孩子们的……桑娜也冲渔夫笑笑，又低下头，思忖着：我平时要为这几个孩子忙个不停，还要缝补丈夫的破帆，哪儿还有什么时间去……

"哇，哇……"孩子急促的哭声打断了桑娜的沉思，渔夫连忙又拉开帐子，抱起了那个孩子。"嗯，孩子让我来抱吧。"桑娜将孩子搂在怀里，嘴里还哼着摇篮曲。"乖乖，别哭了。"孩子听到桑娜亲切的声音，睁开蒙眬的睡眼，望着桑娜慈祥的脸庞，孩子顿时破涕为笑。两只小手也尽力地将桑娜抱住，还哑哑地说："妈妈，妈妈。"

孩子的哭声，吵醒了另外六个孩子，他们都嚷着要吃饭，一个个的肚子都"咕咕"直叫，渔夫赶紧站起身，不顾打鱼后的疲惫，到厨房里拿来一个拳头大的黑面包，几条炸煳了的小猫鱼。"来，把它们吃了吧。"渔夫说完，孩子们争先恐后地向前拥，几只小手胡乱地抓起鱼就往嘴里送，桑娜和渔夫还把自己省下的一块面包留给了西蒙的两个孩子。看着孩子们这可爱的样子，他们俩都忍俊不禁地笑了。

对了，西蒙还在隔壁屋子里呢！桑娜想到这里，连忙告诉渔夫："丈夫，西蒙还在……""哦，对了，我们去把她海葬了吧，真是怪可怜的。"渔夫猛然想起，与桑娜提着马灯走到了隔壁屋。"啊，她真可怜啊！"渔夫悲叹着，和桑娜一起，用破席子将西蒙冰冷的身体裹着，再用绳子捆好，把她拉到了海边，扔了下去。渔夫和桑娜遥望那卷破席子慢慢被海水浸蚀，都陷入了深思。

这时，一轮红日冉冉从地平线上升起，渔夫说："不好了，我得早点儿去打鱼了。"便向着屋里走去，桑娜望着渔夫的背影，再次沉思起来……

《乌鸦与狐狸》续写

米妮熊

自从小乌鸦受骗以后，便十分痛苦自责。它希望再也不要碰到专门骗人的狐狸。不过，小乌鸦当上了缉毒所的所长。

一天，小乌鸦收缴了一块儿沾了毒药的肥肉。在树上休息，正巧碰上了出来觅食的小狐狸。小狐狸见小乌鸦嘴里的那块鲜肥肉，馋得直流口水，小乌鸦见了，头也不低。小狐狸灵机一动，假惺惺地说："乌鸦大哥啊，听说您最近当上了缉毒所的所长，真是可喜可贺啊！"小乌鸦听了，便知这又是小狐狸的圈套，便只是点了点头。

小狐狸见此计不成，便又生一计。可怜巴巴地说："乌鸦大哥啊，您还在生我的气呀？哎呀，您有所不知啊！自从上次我骗了您之后，森林派出所的人天天来找我啊，罚了我不少款啊！我现在发誓要改过自新，重新做狐狸！现在幼儿园里都开始讲如何来防范我了！我真的很心痛啊！"说完，小狐狸还挤出了几滴眼泪，但口水一直在流。小乌鸦开始同情小狐狸了，嘴慢慢地开始动了起来，但突然发现小狐狸的嘴边流着口水，便又知这是小狐狸的阴谋，又开始警觉起来。小狐狸见此计再次失败，便使出了必杀技——恐吓。小狐狸装着惊奇地说："哎呀，乌鸦大哥，您快看，南山那边着火了！"小乌鸦吃了一惊："什么？"可刚一开口，那块毒肉就甩在了地上。小狐狸二话没说就冲了上去。

　　"狐狸兄弟，别吃！"小乌鸦心急万分地说。小狐狸傲慢地说："为什么，这么好的一块儿肉，不吃白不吃，笨乌鸦！"说完还骂了一声，连头也不抬。小乌鸦连忙解释道："这是从专门毒害人的黑犀牛那收缴来的！""笨乌鸦，你以为我像你一样傻啊！"小狐狸骄傲地说道。小乌鸦立刻冲下来想抢下这块毒肉，可小狐狸早已三下五除二地把这块儿毒肉吞了下去。

　　小乌鸦伤心地拿出那张毒肉证明书，叹息了一声，沉重地说："狐狸兄弟，你自己看吧！"小狐狸得意扬扬地拿过那张毒肉证明书。仔细一看，"啊，真的是毒肉啊！"这时，小狐狸觉得肚子里滚烫滚烫的，临死的时候说了一句："我这真是聪明反被聪明误啊！"便"啊"的一声死去。

151

《皇帝的新装》续写

吴　明

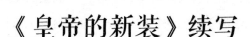

　　漫长的游行终于结束了，皇帝气急败坏地回到皇宫，所有人都低着头，生怕皇帝降罪在自己的头上。特别是那两个大臣，当时不知是怎么称赞衣服的，现在呢？胆怯地低着头，身体瑟瑟发抖，躲在最后。

　　终于，皇帝龙颜大怒，一拍桌子，愤怒地冲着大臣说："你们是怎么办事的？竟然连我身上没穿衣服也看不出，这不是更愚蠢吗？……"

就在皇帝大发雷霆的同时，两个骗子正收拾着骗得的财物，准备溜之大吉呢。只听一个骗子得意扬扬地说："哈哈哈，皇帝可真是大笨蛋呀，被骗了还不知道！"另一个骗子随声附和着："是呀！是呀！没有人愿意承认自己的愚蠢。其实，我们的成功还有他们的帮助呢！要不是因为人们的虚荣心、自私心，我们肯定不能成功！"

就在这时，敲门声响了！"咚咚咚……"两个骗子赶忙把金丝银线藏好，装作一副若无其事的样子开了门。门外的大臣下达了皇帝的命令："宣召两位大师进宫！"两个骗子你看看我，我看看你，不得不去。

此时的大殿上，皇帝已穿上了衣服，恢复了往日的威严，只等两位"织布大师"的到来。不一会儿，两个骗子到了，他们看见皇帝换上了衣服，故作惊讶地问："尊敬的陛下，您为什么不穿我们为您织的衣服呢？看您身上这件衣服既笨重又俗气，怎么会适合您……"还没等骗子说完，皇帝就大声喝道："哼！你们做的衣服？只怕是我这么愚蠢的人无法消受吧？快把你们骗去的钱财交上来！"两个骗子摆出一副害怕的样子："陛下呀，您说什么？我们并没骗您的钱财呀！我们呕心沥血织出那件举世无双的新装正是为了您！"看来骗子还想继续演下去。

这回皇帝没有那么糊涂了，叫人把从骗子家中搜出的财物抬上来，说："这些，你们做何解释？我再不会相信你们了。你们害我在百姓、大臣面前如此出丑，我再不会放过你们，拖出去，就地正法！"皇帝一点儿也不给骗子说话的机会，除掉了这两个大坏蛋。

皇帝来到城楼，面对城楼下的百姓说："从今往后，我一定认真当好皇帝，不再沉迷于服装，努力治理好国家！"

城楼下一片欢呼，人们把帽子、鲜花抛上天空，表达对皇帝的敬意。

果然，从此以后，皇帝不再是一个昏君，他深得百姓的信任。

小鸟、老鼠和香肠

张世旺

很久以前，有一只小鸟、一只老鼠和一根香肠无意间成了朋友，生活在了一起。

在家里，小鸟、老鼠和香肠都有自己的活干。小鸟出门去砍柴，老鼠打扫家里的卫生，香肠就负责做饭吃。

有一次，小鸟的朋友来小鸟家做客，小鸟把自己在家里的分工告诉朋友，朋友听后，对小鸟说："朋友，你真是太傻啦，香肠那么强壮，却让他做饭。而你呢，明明是最弱小的一个，却要你去砍柴，他俩明明是在欺负你呀。"

小鸟觉得朋友说得有道理，等到把朋友打发走后，他对老鼠和香肠说："朋友们，现在我们讨论一下关于家庭分工的事情，以后，我负责打扫卫生，香肠负责出门砍柴，而老鼠呢，就负责做饭。"老鼠和香肠心里十分不乐意，但他俩又不想失去小鸟这个朋友，只好勉强同意了。

刚开始几天，日子并没有多大改变，直到后来一件事，改变了他们三个的命运。

一天上午，香肠起了个大早，出去砍柴，好久都没有回来，小鸟心想：香肠该不会出什么事情了吧？他对老鼠说："你在家里等着，我去找找香肠。"说完，便飞出了家门，去找香肠。

小鸟飞出去不久，饭熟了，老鼠掀起了锅盖，没想到却被沸腾的汤溅到了眼睛，往后退，却一脚踩到木头上，掉进了锅里，被烫死了。由于火并没有熄灭，所以不一会儿，屋子就被烧着了。

小鸟飞到离家不远处的森林上空，发现一只狗正在吃着香肠，小鸟心里又气愤又无奈，因为他根本打不过一只狗啊！他只好飞回家了。

小鸟飞回家，发现屋子已经烧着了，匆匆忙忙地叼起水桶去提水，却一不小心掉进了水里，扑棱了几下，就沉入了水底。当人们发现小鸟时，他已经被淹死了。

一个幸福的家就这样消失了。

第四次龟兔赛跑

154

姜玉萱

自从上次龟兔赛跑结束以后，兔子很不甘心，天天狂跑，每天都累得半死。而乌龟呢，他也不甘心，为什么？因为他对自己的要求很高。他的要求是：兔子不睡觉也要超过他。于是，他便在河边滚来滚去。

期限到了（期限是五天）。

兔子披着必赢的披风，乌龟全身都写上了必胜。他们请猴子当裁判。兔子站在狼牙山上瞥了一眼乌龟。正当双方就要吵起来的时候，猴子裁判说了一声："预备——开始"。双方都冲了出去。只留下了

两股青烟。跑在前面的兔子听见了狼叫声，突然来了个刹车，这可苦了后面的乌龟，和兔子撞在一起，撞得兔子腰酸背痛，撞得乌龟头昏眼花，正好让大灰狼捡了个漏儿，把兔子按在了脚下。这时兔子吓得就像秋风中的树叶一样"哆哆嗦嗦"。兔子就向乌龟求救说："乌龟兄弟你救救我吧。"兔子说了许多好话。乌龟开始动摇了。但是一想到兔子侮辱他的话就生气，想："他以前那么侮辱我，不救他。"

于是乌龟就跑了，兔子临死前还骂了一句："死乌龟！烂乌龟！你会遭到报应的。"乌龟说："你还是管管你自己吧。"

乌龟就自己跑回终点，接受了动物们的拥抱、鲜花、掌声。大家都骂兔子又睡着了，而他们都不知道，兔子已经进到大灰狼的肚子里了。

第四次龟兔赛跑结束。

骄傲的玫瑰

刘乐乐

主人经常给玫瑰花浇水、施肥，所以玫瑰花长得非常艳丽，如同出水芙蓉一般，受到了许多人的夸赞。

一个火辣辣的夏日，玫瑰花显得有些无力，便低下了头。忽然，她无意间看到有个土里土气、灰乎乎的东西在自己脚下，便讨厌地大声嚷道："你是个什么东西，这么脏！怎么配在我脚下？！"泥花盆一惊，老实地说："请你不要嫌弃我，如果没有我帮你维持水

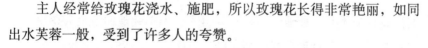

那句话　那个人

分，你会很快失去你的美丽，变得干枯的！""哼！"玫瑰花愤怒地说，"根本就是狡辩，你只不过是想跟着我沾光！跟你在一起太丢脸了！"说罢，便跳出了泥花盆。

在炎炎烈日下，玫瑰花不时觉得有些口渴，所以让小喷壶不停地浇水。可因为水浇得太多，玫瑰花脚下的泥土松动了。它低头一看，厌恶地嚷道："你又是个什么东西呀？又黑又脏的，怎么配和我在一起？我怎么尽和这些东西在一起呢？"泥土劝告说："请你不要以貌取人。我是很难看，可是没有了我，你会干枯的。""不用说了，你和那泥花盆一样，想沾我的光！"玫瑰花说，"小喷壶，你过来，把这讨厌的脏东西给我冲走！"小喷壶不敢得罪玫瑰花，所以乖乖地照办了。

太阳无情地炙烤着玫瑰花，它的叶子有些枯黄了。泥花盆和泥土再次劝告她说："你快点儿过来吧！要不然你真会干枯的！"玫瑰花听后，不高兴地嚷道："不用你们假惺惺地管！"说罢，便跳进了小喷壶。

过了没多久，小喷壶里的水也没了，玫瑰花维持生命的水分不多了。小喷壶见玫瑰花已经这样了，就劝告道："你还是听他们的吧！"玫瑰花听后，特别生气："好呀！你们原来是一伙的！"说完后立刻跳出了小喷壶。

在炎炎烈日的无情烤晒下，玫瑰花的花瓣慢慢变黄凋谢了，叶子也变得枯黄了，随风吹落。快被晒干时，她后悔地说道："我真蠢啊！我自命不凡，骄傲一时，自高自大，瞧不起他们，最后落得了这样一个下场。我真是自掘坟墓啊！"

都是贪吃惹的祸

方家胜

从前有一座森林，森林里树木郁郁葱葱，泉水叮叮咚咚，空气清新甜润，许多动物都在这里快乐地生活着。

有一天，来了一只调皮的猴子，这只猴子就喜欢做一些新鲜事儿。有一次，他去山下的村子里，经过一户人家的门口时，看见屋里的人们正围坐在烤炉旁烤着玉米。小猴子舔了舔嘴唇，停下脚步，瞪大眼睛，一眨不眨地看着。这眼睛瞪得都像铜铃一般大了。玉米渐渐熟了，香味随着微风飘出门口，小猴子馋得直流口水。于是，一个坏主意在他的心里萌芽。他趁人们不注意，快速地偷走了几根没烤过的玉米，同时又拿走了一根火棒，急匆匆地跑到了山上。

小猴子捡来了许多树枝，他学着人们的样子，拿出火棒，将火吹旺了，放在树枝上。火慢慢地大了，小猴子把玉米放进火堆里，他心满意足地一会儿给玉米翻个身，一会儿撕下玉米叶看看熟了没有，就等着美美地饱餐一顿。想到马上可以吃烤玉米，小猴子难以掩饰内心的喜悦，高兴得手舞足蹈起来。

忽然，一阵风吹来，火苗像被激怒的孩子，瞬间扑到了小猴子的身上。小猴子慌了，手忙脚乱地拍打着身上的火苗，但终究难逃被烧伤的命运，疼得他哇哇直叫。这时候，火苗又烧着了旁边的小草，小猴子拿起一根树枝猛力地扑打着火苗。可是，刮起的狂风却让火烧得更欢了。小猴子害怕极了，他知道自己闯下了大祸，不知所措了。火势越来越大，透过树梢，直冲云霄。树上的鸟儿们看到这熊熊的大火，惊叫起来，成群结队地飞向天空，赶紧去通知其他动物们。"着火了！着火了！"百灵鸟焦急地大喊着。"快来救火呀，森林着火了！"小麻雀也拼命地呼救着。小兔子第一个听到，她急忙拿起电话，拨打了火警"119"，冷静地将火灾所在的位置告诉了消防员。其他的小动物们也从家里拿来了锅碗瓢盆，从小河里装了水来灭火。几分钟后，森林消防队及时赶到，他们一边灭火，一边疏散动物们，经过大家的不懈努力，火势终于得到了控制。

望着被烧焦的树木，动物们很心痛。小猴子则躲在远处不敢出来，他抹了抹眼角的泪水，发誓再也不贪吃了。

158

扳手腕比赛

魏 荣

一个秋日的午后，阳光暖洋洋地透过玻璃窗洒在同学们的身上。教室里洋溢着欢快的气息，我们班在上活动课，老师组织我们进行扳手腕比赛。究竟会是谁获得"大力士"的美誉？就请大家拭目以待吧！

老师点名让小华和小明比赛。他们两个实力悬殊，小华长得又高又胖，又白又圆的脸好像蒸好的馒头，两条粗壮的腿像两根柱子。而

小明却又黑又瘦，好像风一吹就会被刮倒一样。小华大步流星地走上讲台，小明却呆呆地愣在座位上不知所措，在同学们掌声的鼓励下，同桌的催促下，他才缓缓地走上讲台。可能是害怕这场突如其来的比赛会令他颜面扫地吧。但小明转念一想：就算我输了，也要输得有骨气，尽全力一搏，挽回一点面子，做到"输阵不输人"。

他们俩摩拳擦掌，跃跃欲试，在做了一番热身之后，把胳膊放到了讲台上，并紧紧攥住对方的手。"开始！"老师一声令下，严阵以待的小明来了个先发制人，使出了吃奶的劲，脸也涨成了猪肝色。小华也不甘示弱，全力以赴，紧紧攥住小明的拳头，让小明动弹不得。大家都大气不敢出一声，心里替小明捏了一把汗。看来这是一场没有悬念的比赛。

不知是因为自鸣得意还是嘲笑小明的微不足道，小华突然哈哈大笑起来。本来已处于下风，快要坚持不住的小明见小华疏于防范，于是孤注一掷，使出浑身力气，大喊一声"啊——"一下向小华那边压过去，反败为胜了。

大家都愣住了，教室里突然鸦雀无声。同学们原本还想为小明处于劣势打抱不平的，令人意想不到的是他居然赢了。沉默了几秒后，教室里响起了雷鸣般的掌声。大家纷纷赞美道："小明，好样的！我们为你骄傲！""小明，你真是太棒了！"小明腼腆地笑了，但掩饰不住内心的喜悦和自豪。小华则耷拉着脑袋，脸上写满了懊悔，灰溜溜地下台了。

其实小华可以轻而易举地战胜小明，但他松懈了，让小明有机可趁，这正是现实版的"骄兵必败"。

时间悄悄过去，阳光也溜走了，比赛还在进行着，大家兴致高昂，加油声此起彼伏，热闹非凡。"大力士"归谁我已不那么在乎了，但我从中悟到了很多。这次扳手腕比赛令我感触颇深，小明这种不畏强大、以智取胜的精神难能可贵，值得我们学习发扬；小华骄傲自大、落个败局的教训也值得我们深思，应引以为戒。

成长的足迹

肖逸雪

由于我家离学校较远，我便成为了一名住宿生。一直依赖父母的我起先还有些不知所措，然而，一个人独立的生活虽然很辛苦，但也很有趣。

160

衣服可以这样洗

还记得第一天入学的情景，那时我们都是刚脱离父母怀抱的孩子，就连套被罩这样的小事也成了难题。铺好床单，整理衣物，摆放用具……一切就绪后，看着已经很晚了的时间，我决定要好好睡一觉。第二天清晨，我早早地就起床了。"呀，换的衣服还没洗呢。"没办法，我只好打来水开始洗衣服。搓搓搓，我的手都搓红了，可脏衣服还是老样子，怎么办？现在有力气的就剩下双脚了。但用脚洗衣服也太不雅观了吧，可我顾及不了自己的淑女形象了，赶忙脱掉鞋子，自由地在盆子里踩了起来。一边踩一边唱，舍友都被我吵醒了，一个个跑来看热闹。"你这是在干什么啊？""我在洗衣服啦。""哪有像你这样洗衣服的？""这是我的专利。"舍友们都哈哈大笑起来。

早餐可以这样吃

"真没味，又是泡面。"关于学校的早餐，同学们用各种形象的名字来描述："大海捞面""清真素面"，对这样的早餐，味道好不好一听名字便可想而知。很多同学干脆抵制这种早餐，利用双休日到附近的超市批发方便面。而我的父母就连方便面也很抵制。无奈的我只好用忍的方式来对待早餐，将就一点，少吃一点。一天，我负责打扫寝室卫生，发现地上有很多小塑料袋，拿起来一看是舍友多余的方便面佐料，我眼前一亮，一个新的早餐计划便诞生了。晚上，我借生活老师的名义向全体舍友宣布一条新规定——凡有废弃的方便面袋请放在我的小桶中，我来帮大家统一处置。这样一来，我的早餐可就是五味俱全啦！可是好景不长，后来大家都发现了我的如意算盘，这条"规定"也不得不搁浅了！

161

报纸可以这样卖

参加社会实践活动，我被分在卖报小组，成了一名"报星"。我们"报星"的业绩是根据卖报多少来决定的，达到一定的数量才能拿回你的"薪水"。第一天，我们从街道东头喊到街道的西头，嗓子都冒了烟，偶尔才会有好心人施舍一下。到收工盘点时，才发现只卖出了五份。晚上，我到楼下散步，邻居家的两个小弟弟（五岁左右）拦住了我，"姐姐，给我们讲故事吧。"我眉头一皱，计上心来。"姐姐给你们讲故事可以，但有个条件，你们要买姐姐的报纸才行。""姐姐，只要你给我们讲故事，我们愿意买你的报纸。"随着听故事的小朋友人数的增加，我的卖报业绩迅速飙升……

原来报纸是可以这样卖的啊！感谢善良的小朋友成就了一颗积极

向上的"报星"！

成长的足迹就像踏在沙滩上的一串串脚印，深深浅浅，歪歪斜斜……

定格在杂货铺前的身影

孙芸薇

想到前面那条昏黑的小路，我的心不由一紧。路口的杂货铺前应该不会有那个瘦小的身影了吧？

北风呼呼地吹着，仿佛在向我示威，它如一把锋利的剑划着我的脸，一下一下钻心的疼。我裹紧围巾，奋力向前。

不争气的我怕黑，每次下晚自习，我都要经过那条幽暗的小路，路上空无一人，怪风习习，好像冷不丁就会冒出个吓死人的东西。每次过这里我都会加快脚步，直至一天闭着眼跌进又冰又臭的水沟。自此，奶奶便准时出现在小路上的杂货铺前。可我哪忍心呀！

"奶奶，我不怕黑了，明天您就别来了。"

"可你不一直怕黑吗？"

"不怕了，胆早练出来了。"

奶奶不再说什么……

思绪被风吹散，踏上小路，我加快了脚步。远远地，我竟又依稀看见：冷风中，奶奶瘦弱的身影伫立着，像一个小小的路标。

我的心头一阵酸楚，奶奶六十多岁了，身体不好，本该享福去了，可仍为了我日夜操劳。早上天不亮起身送我上学，白天挖空心思为我想菜谱，生怕我吃厌了某种菜，夜晚她要等我回来做完作业，然后把我冰冷的脚揣在怀里睡觉。

我加紧了脚步，不敢让奶奶久等。近了，奶奶的身影清晰了些：她缩着脖子，花白的头发被冷风吹得很凌乱，原本枯黄的脸冻得通红……

看到我，她微笑着挥手，一把拉过我肩上的书包："薇儿！可回来了。快走，奶奶做了你喜欢吃的豆瓣鱼。""奶奶，怎么今天又来了？昨天不是说好了吗？"我假装怪道。"我还是习惯等你。""可您身体不好。""没事，"奶奶顿了顿，"其实，我就想早点看见你，这样我心里才踏实。"

湿热的东西从面颊滑过。我不由抱紧奶奶瘦小的身子。昏黄的灯光将紧贴在一起的身影拉得很长……

被冷风吹得很凌乱的白发，冻红的脸，定格在杂货铺前瘦小的路标般的身影很美、很美……

父爱无声

吴　珊

多少次，我想推开你的心门，可你那严肃得令人窒息的面孔让我不敢靠近。我的好奇心疯狂地滋长，想去探索你冰冷的心门内是否有我的存在。

你好像深知我的动机，在那个寒冬的夜晚，你没用任何语言就诠释了父爱的伟大。

记得有一年冬天，雪似乎从未间断过，由于雪深冰硬，每天下晚自习后父亲便步行二十多分钟来学校接我。我记得他总是裹一件大棉衣，瑟缩着立在校门口等我下课。

那天雪花轻舞，一下晚自习，我便迎着风雪跑出了校门，一眼就瞥见了倚在学校栅栏门边的父亲。和往常一样，我视身边的父亲如空气，径直向前走去，不同于平常的是，父亲并没有跟过来对我嘘寒问暖。这使我的心一下子揪紧，不得不转身走向他，眼前的情景着实让我吃了一惊——他蜷缩着身子，斜倚在铁门上，竟然靠着铁栅栏门睡着了！那紧闭的双眼、微张的嘴仍掩饰不了布满脸庞的倦容，那双手使劲地插进袖筒里，腋窝下紧实地夹着我的红棉袄……那一刻，一股暖流涌上心头，我不禁热泪盈眶。我好像第一次认识我的父亲。说实话，虽然我们是父女，但因为父亲的严厉和暴躁，我平时很少和他交流，有时能心平气和地交谈上十句就算是奇迹了。想到这儿，鼻头不禁有些发酸，我又何尝不想同别的孩子一样和自己的父亲无所顾忌地嬉戏？可他平时太过严厉。我仔细端详他那布满皱纹的脸庞，几丝白发赫然冒出来，回想着自己生病时他难得一见的焦急样，我不禁抱住父亲哭出了声。父亲被我这突如其来的拥抱吓醒了，他歉意地笑了笑，不住地喃喃自语："都怪我，怎么就睡着了？"他抽出长满老茧的双手轻轻拍打着我的背……

我知道自己不可能真正地恨他，所以我决定要好好地爱他。我知道他深爱着他的女儿，只是憨厚的他不知如何表达，其实爱不需要过多的语言。

九寨沟之行

祝进成

去年暑假，我和妈妈一起游览了九寨沟。那里如诗如画、如歌如梦的独特景色——水景给我留下了美好的印象。

我们先去了珍珠滩。顺着环山公路，我们来到一片坡度平缓、长满灌木的浅滩。浅滩上布满坑洞，沿坡而下的激流撞击着坑洞，溅起无数的水花。那水花在阳光的照耀下闪闪发亮，像一颗颗晶莹剔透的珍珠。听妈妈说这就是珍珠滩命名的原因。有时调皮的水花会溅落到我的身上，轻轻的，凉凉的，痒痒的，舒服极了！

165

接着我们又去游览诺日朗瀑布。路上，导游告诉我们，"诺日朗"在藏语中是"伟岸高大"的意思，诺日朗瀑布是九寨沟最雄伟壮观的瀑布。还没有走近瀑布，就听到它哗哗的响声。

近看飞瀑好似千万匹猛兽在搏击，最后互相扭打着翻滚而下，溅得珠飞玉散，一片雾气蒸腾；又像是一群顽皮的孩子，天真活泼地从山顶赤着脚丫，蹦跳着跃下来，落地后四散跑开；更像一台忙碌的织布机，在突兀的岩石上永不停息地转动，织出千丈白练，铺展于天地间，永远不会停歇。瀑布激起的水汽夹杂着山风扑面而来，让人睁不开眼睛。闭上眼，我缓缓将这份美丽定格在心中，供以后细细欣赏回味。周围游人们纷纷举起相机抓拍下这蔚为壮观的景象。

此时此刻，我享受着水声的喧闹，轻嗅着林木的清新气息、泥土的浓烈芬香，感受着水花的抚触，陶醉在这飞瀑的幽风阵阵中。想起一句警句："瀑布对悬崖无所畏惧，所以唱出了气势磅礴的生命之歌。"人又何尝不是这样，不惧怕困难，可以攀登事业上任何一座高峰。

一路行程急促，告别了诺日朗瀑布，我们又来到五彩池。五彩池如一块巨大的蓝宝石镶嵌在密林之中，是九寨沟最艳丽的池子。太阳照在水面上，从不同的角度看，水面呈现出不同的颜色。有红色、绿色、蓝色、黄色、紫色，颜色五彩缤纷，令人眼花缭乱。传说，五彩池是女神色嫫梳洗的地方，她脸上洗下的胭脂使池水变成了彩色。这美丽的神话为五彩池蒙上了神秘的面纱，多么富有诗情画意的人间仙境啊！

我们还游览了恬静的镜湖，迷人的藏龙湖，秀美的箭竹海……

以前我曾听人说"黄山归来不看山，九寨归来不看水"，现在看来真是名不虚传呀！